写真／有田登志彦

チョークアート／飯田佐和子

横井久美子　歌手グランドフィナーレ

歌にありがとう

一葉社

まえがきに代えて

友寄英隆

本書は、著者、横井久美子が歌手としてのほぼ半世紀にわたる活動のあいだに、さまざまな機会に書き綴ってきた歌にかける思い、たたかいの記録、さまざまな先輩、友人、知人、家族とのふれあいについて、徒然《つれづれ》なるままに書いてきた文章を一冊にまとめたものです。

人生の、その時々に書かれた文章を、あらためて通して読むと、横井久美子という歌手の全体像とともに、二十世紀後半から二十一世紀にかけて全力で生きてきた一人の人間としての姿がくっきりと浮かび上がってきます。

ソロ歌手として登場したころは、彼女もフォークシンガーと呼ばれていました。しかし、一九七〇年代から八〇年代にかけて、雨後の筍のように生まれたフォークシンガーたちが、しだいにメジャー化と引き換えに商業化の波に飲み込まれていくころ、その流れに抗して、彼女はたったひとりで、ひたすら独自の道を歩み始め、それを貫き通してきました。

横井久美子の歌の世界、とくにたくさんの創作曲は、実に多彩です。ときにはやさしく、ときには激しく、ときにはリリカルに、ときにはコミカルに、つねに深い想いが込められています。彼女が手がけた数多くのプロテクト・ソングの系列に入る曲には、人間としての強い憤りの意思が込められています。

人は、彼女の歌をとおして、たくさんの有名無名の「勇気ある人たち」のたたかいに出会うことができました。そして、歌手が共感したように、生きる勇気をもらい、励まされました。彼女は、コンサートのなかでも、あるときは『おいで一緒に』と呼びかける「語り手」になり、またあるときは人々の悩みや喜びの「聞き手」にもなりました。

歌手としての活動は、北は北海道の網走から、南は沖縄の辺野古まで、日本全国津々浦々にわたっています。同時に、海外での公演も、一九七三年のベトナム戦争中のハノイの高射砲部隊の若い兵士たちと『戦車は動けない』を唱和した二十歳代のころから、ネパールの山岳の村を二〇一一年以降十三回も訪問し、村人総出で音楽ホールを建てた七十歳代にいたるまで、休みなく続いています。その行動範囲は、アジア、ヨーロッパ、アメリカ、南アフリカ、南米など、文字通り世界を駆け巡っています。

本書には、こうした歌手としての公的な活動の合間を縫って書かれた歌うことに関する文章や、たくさんの人びととのふれあいのなかから生まれたエッセイを集め、その中から彼女自身が選んだ数編を収めてあります。

また本書には、すでに雑誌や新聞に発表したエッセイなどとともに、本書のために彼女が新たに書き下ろした幼年期、少女期、青春時代の思い出の文章も収録してあります。これらは、文字どおり初公開の貴重なものです。

さらにまた本書には、かなりのページをさいて、これまで公開したことのない幼少期の写真を含め、横井久美子の七十年余にわたる半生の貴重な写真も収めてあります。

著者は、二〇一九年八月、二十回目のアイルランド・ツアーから帰国した直後に、下腹部に少し痛みを感じ、精密検査の結果、九月末に腎《じん》盂《う》癌《がん》が発見され、十月十二日に右側の腎臓を全摘出する手術をうけました。本書は、その癌とのたたかいのなかで企画され、編集作業は苦しい抗癌治療と並行して進められました。しかし、二〇二一年一月十四日、著者は帰らぬ人となりました。本書には、著者が綴った一年余の癌闘病生活中のブログ「片腎KUMIKOのビスターリ《ゆっくり》ライフ」を収めてあります。

2021年4月30日

ニカラグアに寄贈のため全国から寄せられた122本のギターと（1985年6月）

横井久美子歌手 グランドフィナーレ
歌にありがとう

目次

カバー写真／高橋力夫
書名題字／萩原秀子
写真編集／前田孝子

第1章　歌にありがとう 世界中にありがとう

ファーストDVDアルバム『歌にありがとう』の
ジャケットより（写真／亀井正樹）

歌手「横井久美子」はこうして生まれた

一、幼年時代――左官職人の六人兄弟姉妹

私は、一九四四年五月二十六日、愛知県名古屋市鳴海町向田《むかいだ》（名鉄名古屋本線鳴海駅付近）で、父・横井英一、母・クラの六人兄弟姉妹の次女として生まれた。

鳴海は、東海道五十三次の第四十番目の宿場町（鳴海宿）であり、江戸時代から交通の要所として栄え、すぐ近くには織田信長が今川義元を打ち負かした桶狭間の闘いの古戦場があった。また、鳴海宿の隣の有松地方では、綿布の絞り染めで全国に知られた有松絞が生産され、鳴海にも染色工場があった。有松絞の浴衣地などは、鳴海宿で売られたために、鳴海絞とも呼ばれていた。

私の育った家は、腕の良い大工さんが建てた大きな二階屋で、目の前を扇川が流れていた。扇川の両岸を渡す形で、色鮮やかな鳴海絞の生地を干している風景が目に鮮やかだった。庭では、ニワトリやアヒルを飼っていた。

私の父・英一は、祖父の代からの左官の職人だった。私が生まれたころは、日中戦争から太平洋戦争に拡大した時代で、父は、左官の仕事がなくなり、警察に勤めたこともあったという。

愛知県の尾張、三河地方では、昔から茶道や華道などの習い事が盛んな土地柄だったので、大工や

久美子の両親（父・横井英一、母・クラ）

左官などの間でも、職人としての身だしなみのひとつとして、お茶やお花などを習う人が多かった。父は、若い職人たちに、お茶の作法などを教えたりもしていた。

家庭での父は、昔気質の厳格な家父長制を通していた。しつけに厳しく、玄関の上り口に私物を置いておくと、土手に捨てられた。夕食時に子どもが一人でも欠けると父はお箸を手に取らず、いつまでたっても食事がはじまらなかった。風呂に入るのは、いつも男が先で、女はそのあとに決まっていた。思想的にも政治的にも保守的な人で、のちの話になるが、私が沖縄出身の夫と結婚する時も反対された。

私は、長姉とは十歳違い、私のすぐ上の次兄とも七歳違いだった。つまり、七年の間をおいて生まれたのが私だった。そのため、姉や兄たちからも大事にされて育った。とくに長姉は、母親のように私を可愛がり、よく遊んでくれた。一度などは、私を負ぶったまま、欄干のない橋から川に落ちたこともあった。そんな姉は、私が十歳の時、お嫁に行って、いなくなった。

二、小学生時代——声の良い少女、本が好きで、自由闊達な性格

私は、小さいころから、声がよくて、近所でも評判の子どもだった。小学校の学芸会で、独唱をしたり、東海ラジオの童謡コンクールに挑戦したりした。

いまでも覚えているが、いつも枕元に卓上ピアノを置いて、冬の寒い朝には布団の中に卓上ピアノを持ち込んで〝お馬の親子〟などを弾いて遊んでいて、いつも「早く起きなさい」と言われるのだった。

小学五年生の時、私より九歳上の長兄が楽器の生産で有名な浜松に出かけて、オルガンを買ってきてくれた。父と母は、学校で音楽を教えていたピアノの先生のところへ、オルガンを習うため通わせてくれた。

小学生のころ（1953年）

わが家には、父の仕事がら、書棚らしいものはなにもなくて、文学書といえるような本にはまったく縁のない暮らしだった。

それでも私は、本を読むことが大好きだった。小学校に入ると、そのころ小学館から出版されていた『よいこ一年生』という月刊誌をとってもらって、周りの友だちと回し読みなどをしていた。わが家の二階の八畳と六畳の部屋に幕を張って、弟や妹や近所の子どもを集めて、イソップ物語の王子様

小学６年生の学芸会で――中央のお殿様が久美子（1955年）

とお姫様のお話など、お芝居ごっこをして楽しく遊んでいた。私は、そうした遊びをするときには、自由闊達な少女でリーダーだった。

私は、学校生活のなかでも、自由に思ったことを主張する積極的な少女だった。ある時、家が貧しいために雨傘がなくて学校に来ることができない子がいたので、学級会で手をあげて、みんなでお金を出し合って傘を買ってあげようと提案した。この件では、担任の先生がたいへん感激して、私の通知表にそのことを書いて褒めてくれた。その通知表は、今でも持っている。

今思えば、私の家は、父が左官の仕事をしていた関係で、山の手の上流家庭の家に普請で出入りすることも多く、子どもながらに、山の手の上流階級と下町の下流階級の暮らしぶりの貧富の格差を感じていた。

小学五年～六年のころ、国会議員の娘と同級生になったことがあった。私の方が成績はずっとよかったのに、担任の先生が、その子を学級委員に指名した。その子からは、「左官屋の娘のくせに」などと言われ、一方、私は「家庭教師をつけても、私よりできないくせに」などと悔しがったことが忘れられない。相当に、勝気な少女だったのである。

三、中学生時代――発展する家業、ピアノを買って貰い、ピアノのレッスン

私が中学に入るころ、父は、優れた左官職人としての腕が認められ、左官の棟梁となり、職人の弟子、家のお手伝いさん、奉公人などを合わせて常時二十人ぐらいを抱えるまでになった。愛知県の離島から、中学を出たばかりの年季奉公の職人や家事のお手伝いさんなどで、昼食は二十人ぐらいで食べていた。中学を出たばかりのお手伝いさんが、当時は洗濯機もなかったので、結婚した長兄の赤ちゃんを背中に負ぶいながら、あかぎれの手でおむつを洗っていたことなどを思い出す。

当時の住宅は、木造の日本家屋が多かったので、家を建てるには、荒縄をはって漆喰を塗って家のなかで火を焚いて乾かすという工程が欠かせなかった。こうした時代のなかで、父の仕事も増えて、左官職人として腕を磨いて成功したのだった。

父は、もともと左官の仕事だけでなく、住宅を建築すること自体がよほど好きだったらしくて、それほど広くない敷地には、家をつくっては壊し、壊してはつくってを繰り返して、たくさんの小屋みたいな家があった。

そういう家庭に育ったために、いまでも私は、住宅の構えや間取りには、とても興味がある。自分で簡単な図面を描いて想像している。

中学一年のときに、本格的なピアノの練習をはじめた。当時の田舎の鳴海中学校に東京から新進気

鋭の国立音大の楽理科出身の先生が赴任され、本格的なピアノのレッスンを受けるようになったのだ。ピアノを習いはじめると、オルガンでは鍵盤が少なくて、本物のピアノが欲しいと思うようになった。しかし、当時の日本では、ピアノを個人の家庭で買うことができるのは、ほんの一握りのお金持ちだけだった。ところが、そのころの私は、まだ自分の家がピアノを買うほど裕福ではないことなどあまり考えずに、母に「ピアノ買って」「ピアノ買って」と要求し続けた。とうとう思い余った母が、半ば冗談交じりに「ピアノのある家に養子にしようかね」と言ったのを覚えている。私は、養子になりたかった。

いくらねだってもピアノを買ってくれそうもないので、私は、デモンストレーションの意味も込めて、朝早く、学校の当直の先生をたたき起こして音楽室の鍵を開けてもらって、練習をすることにした。それが功を奏して、やっと高校入学時にピアノを買ってもらった。

中学生のころ（1957年）

私がピアノを習った先生は、のちに名古屋市フィルハーモニー交響楽団の指揮者をされたほど優秀な、芸術家肌の先生だった。この先生にピアノを習っている間は、わが家の家庭環境とは程遠い、音楽という芸術の別世界にいることができた。レッスンは厳しかったけれど、私にとっては、ピアノと共にいる時間は至福の時だった。この先生には、たいへん可愛がってもらった。先生の勧めもあって、中学を卒業してからの進路では、愛知県では音楽課程を持つことで知られていた名古屋市立菊里高校音楽課程を受けることにした。

四、高校生時代──菊里高校声楽科、東京五輪の建築ブームで家業も豊かに

一九五九年四月に、菊里高校の音楽課程声楽科に入学した。四十四名（うち四十二名は女子）の音楽課程の生徒は、みな良家のお嬢さん育ちで、私のような下町の左官職人の親をもつ人はいなかった。

そのせいか、私は、中学時代とは違って、しだいしだいに、物静かで、内気で、自意識過剰の内向的な少女になっていった。電車に乗っていても、ほかの乗客にみられてもいないのに不安・緊張して赤面恐怖症に陥ったりしたこともあった。

他方では、自宅に帰ると、中学を出たばかりの自分と同年配の奉公人が、泥だらけの作業衣を着て、父に厳しく怒鳴られているのを目の当たりにして、自分だけがなんの苦労もなく、高校に通っていてよいのかためらわれた。

そうした静かで目立たない高校生活の中で、思いがけない出来事もあった。文化祭の発表会でわがクラスは『ドナウ川のさざなみ』の合唱をすることになり、指揮者を投票で選ぶことになった。三歳からピアノやヴァイオリンを習っている優秀な人たちがいるなかで、とくにリーダーシップもない私が選ばれたのだ。その理由について私の親友がこう言った。「誰にも害を与えない人が選ばれたのよ」。それほど当時の私は、なんの特徴もなく、ひっそりしていたのである。

私は、こうした多感な高校生活を送りながら、将来は音楽大学に進みたいという気持ちが募るようになり、一カ月に一回、上京して、東京芸大の声楽の先生についてレッスンを受けることにした。当

時、一九六〇年代初めは、まだ新幹線もなかったので、名古屋—東京間は急行で片道六時間かかった。父が高校生の娘のために、交通費やレッスン代などの多額の費用を出してくれたのは、そのころの横井家の経済状態が急速に上向いていたからでもあった。

ちょうど一九六四年の東京オリンピックへ向けて、日本中が建設ブームに沸いていた。父は、左官業だけでなく、大工さんなどの業者をたばねて住宅建設を請け負うようになり、建築業者としても成功を収めるようになっていた。

菊里高校三年生になり、将来の進路を選ぶ時が来て、私は音楽の道をさらにきわめるために、音楽大学に進学することを決心した。

五、大学生時代——国立音楽大学声楽科、社会の不条理への関心

一九六二年の春、上京して東京芸術大学を受験したが失敗したために、国立市にキャンパスがあった国立音楽大学の声楽科に入学した。

音楽大学での学生生活は、なかなかなじめない毎日だった。菊里高校の声楽科に入ったときに感じた以上に、周りはみなお金持ちの家の、文字どおり良家の子女ばかりだった。

いまでも忘れられない、恥ずかしい思い出がある。音楽大学の寮に入ったときに、父が配下の職人を一人連れて、アップライトのピアノを車に積んで、名古屋から運んできてくれたことがあった。父にしてみれば、音楽大学に入った愛娘《まなむすめ》のために、なにかしてやりたいという精いっぱいの気持ちだったに違いない。だが私は、そうした父の心よりも、寮の同僚たちのまえで、作業服を着た左官職人の

親のふるまい、アップライトのピアノをわざわざ名古屋から運びこんできたということに、ただ恥ずかしさばかりが先立って、けんもほろろに父たちを追い返してしまった。六十年後の今でも、思いだすたびに、父にたいする申し訳なさで、「お父さん、ごめんなさい」と涙が出てくる。

しかし、今思い返すならば、この苦いエピソードは、私の心の発展のうえでは、まったく新しい視野を切り開く大きな契機にもなったという気がする。

――父が左官の職人であるということを、ただそれだけのことで、なぜ恥ずかしいと思ったのか？日が昇るとともに働き、日が沈むとともに休み、一代を築いてきた、今思えば男の中の男といえる父を、なぜ恥ずかしいなどと思ったのか？　なぜ自分は、そんなこともわからなかったのだろうか？

私は、このころから、音楽の勉強をしながら、身の回りの社会の不条理な問題についても、少しずつ関心を持つようになった。社会的に虐げられている人たち、社会の底辺で苦しんでいる人たち、いったいなぜ一方では贅沢な暮らしがあり、他方では食べるのにも事欠く貧困な人たちがいるのか、社会のあり方に目を向けるようになっていった。

一年後、私は大学の寮を出て、国立市内の下宿に移り住んだ。ある時、下宿の友だちに誘われて、あまり深い理解もないまま、日朝協会主催の屋外交流集会に参加した。私は、幼いころ、母から近くにあった朝鮮人部落への差別を聞いていたので、半分恐ろしかった。日朝協会というからには、参加するのは朝鮮の人たちが多いのだろうと思っていたのだが、実際は、ほとんどが国立市にキャンパスがあった一橋大学を中心とした日本人の学生たちだった。後から考えてみると、その交流会は、当時、大きな政治的焦点になっていた日韓基本条約の締結に反対する趣旨の集会だった。

集会が進み、終わりが近づいたころ、参加者全員が立ち上がって肩を組み、『民族独立行動隊の歌』や『国際学連の歌』を歌いはじめた。私は、歌の意味はほとんど理解できなかったが、みんなが肩を組んで、腹の底から力いっぱい大きな声で合唱するその姿に、これまで経験したことのない衝撃と開放感を味わった。

それまでの私にとって、歌を学ぶということは、あくまでも西洋のクラシック音楽を学ぶことであり、クラシック音楽の発声法を習得し、ベルカント唱法に習熟することであった。

歌を歌うとは、人間にとって何を意味するのか？　私の人生にとって、歌とは、いったい何なのか？そもそも歌とは、何なのか？

歌についての根源的な問いかけを胸にかかえながら、一九六七年三月、私は、音楽大学を卒業した。卒業後、就職のつもりで、当時マスコミで有名な六人の女性コーラス「ボーチェアンジェリカ」に入団した。しかし、あまりにもきらびやかで、上っ面な感じの世界に自分が押しつぶされそうになり、二年で退団した。

「ボーチェアンジェリカ」を退団後、しばらくして、私はプロとして初めてギターを持って、たったひとりで函館労音で演奏するという機会をえた。そして、この函館労音の十七日間に及ぶ地方公演では、音楽はライトのある舞台ではなく、人が集まればそこが舞台であるという、日朝協会交流集会で腕を組んで歌を歌うということ以上のカルチャーショックを受けた。

この函館労音との運命的な出会いが、今に続く演奏活動のはじまりになったのである。

（書き下ろし／２０２０年11月20日）

歌手と子育ての両立あたふた記

①親の緊張、子どもに移って――目を見てゆっくり話そうと

年末の大掃除のとき、ふと昔の日記が目にとまりました。一九七四年の日記です。今（一九八七年）から十三年前のその日記には、向こう五年間の勉強の計画が、自分の年齢と長男の年齢を表にして、一目で分かるように、いろいろ書き込んでありました。

私はちょうどそのとき三十歳、長男は三歳と三カ月、幼い子どもをかかえ、思いばかりが先行し、体を動かすことができないもどかしさが、この日記にはあふれています。

私は、ものごころつくと同時に「音楽」をはじめ、高校、大学と「音楽」を専攻し、生活のほとんどの時間を「音楽」に費やすような青春時代を送ってきました。

結婚生活も、この私の生活の基本にはいささかの変化ももたらしませんでした。

長男の出現で生活は〝激変〟

ところが、長男の出現で、そんな生活は、もろくも消え去ったのです。生まれたばかりの子どもの

世話に迫われ、頭の中が真っ白になり、子どもが眠りはじめ一人になると「このままでは、自分はバカになる。ダメになる」という恐怖感におそわれました。

長男が生まれ、半年ほどたった夏の日の午後、居ても立ってもいられなくなった私は、眠っている子どもを一人残し、知人に聞いていた近くの無認可保育所を探しあて、早速翌週から預かってもらえるよう頼み込みました。

しかし、入所してしばらくの間、私は、自分の〝歌いたい、歌を続けたい〟というやむにやまれぬこの気持ちと、保育所とはいっても、普通の住宅の設備の不十分な狭い部屋に預けられているわが子との間で、ひどく動揺していました。そのうえ、私は、普通の働く母親のように、どこかに勤めにいくわけではなく、多くは家に居て、歌の練習をしていたのです。

私は、若いころは、自意識が強すぎたせいか「赤面恐怖症」になり、悲しいとすぐポロポロ涙を流すような意気地のない女性でしたので、近所の人の目も気になりました。

みんなおなじ苦労してきた

そういう私を元気づけてくれたのは、周りの同じような働く女性たちであり、また、その無認可保育所の先生でした。打ち合わせが延びて遅くなり、急いでかけつける私に、その先生はいやな顔もせず、ゆったりとした笑顔で長男を渡してくれます。ときどき弱音を吐く私に、「大変なのは、今だけですよ。皆同じようにやってきたんだから」と何度元気づけてくれたことでしょう。そういうときは、長男を受け取って、抱いて帰りながら、夜空に輝く星をみて思ったものです。

「ああ、私の前を、同じように歩いた女性たちがいっぱいいたんだなあ。周りから〝鬼のような母親〟といわれたりしながら歴史を切り開いてきた、そんな女性たちの恩恵を、私は今こうして受けているんだなあ」と。

長男を預けはじめ、しばらくして、演奏活動を再開すると、私は異常なほど、神経質になっていました。演奏のある前夜は、夜中に長男に起こされないように別の部屋に寝て、翌日に備えました。そんな夜は、夫が、長男のめんどうをみてくれました。ミニコミ、口コミでしか名前が広がらない、歌いはじめたばかりの歌手にとっては、一回一回のステージの成否が勝負だったのです。

子どもがいるからこそ、子どものことで歌手としての優劣をつけられたくありませんでしたし、良くも悪くも、子どもの存在を、〝理由〟にさせてはいけないと思いました。

長男が一歳のとき、ハシカと肺炎を併発して伝染病棟に隔離されたことがあります。私には、その日都内で小さなコンサートが予定されていましたが、今にも息絶えそうに見える息子を置いては、どうしても出かけられず、とうとう友人の歌手に代役を頼みました。危機は去り、そのあとは病院からコンサートに出かけたものでした。二十年近い演奏生活の中で、代役をたてたのは、あとにも先にもそのときだけでした。

長男の様子がどうもへんだ

一九七三年秋、私はベトナム民主共和国に、三人の「女性文化代表団」の一員として招待され、解放前のベトナムを訪問し、演奏することになりました。

当時ベトナムは、和平協定が結ばれた直後で、世界中の人々がアメリカを相手にたたかうベトナム人民を支援し、注目していました。私は、はじめての海外演奏で緊張し、その準備に追われる毎日でした。気がつくと、長男がどうもおかしいのです。長男は、そのとき二歳九カ月でしたが、しゃべるときほんの少しどもるようになっていました。

長男は、周りの変化に、直接言葉や行動で反応するタイプではなく、じっと我慢して、耐えきれなくなった部分が肉体的に表れてくる、そんな子どもでした。

長男の状況に、びっくりオロオロしていると、一緒にベトナムへいく予定だった方が「私も前に外国にいくとき、長男がどもるようになったのよ。でも子どもの目をみて、ゆっくり話していたら治ったわよ」といってくれて、そのとおりにしたら一週間で治りました。親の情緒不安定が、子どもに移ったのでしょう。

私が出発するときは、長男のどもりもすっかり治り、ウクレレに紐《ひも》を通し、ギターのように肩にかけて、♫戦車は動けない／この街の橋を渡って／銃口をベトナムに／子供らをねらいうつ……と幼い、大きな声で歌い、「こんなに歌えるんだからボクも一緒に連れて……」というほどになっていました。

（『赤旗』１９８７年２月６日）

国立駅で（1978年ごろ）

②〝親のハジ〟を子どもがかばって――個性の違う一家四人チーム

長男が生まれ、五年近くたって長女が生まれました。この五年間は、子育てのもっともきびしい時代であり、同時に、私の歌手としての活動範囲が急速に広がっていくときでもありました。関西方面での仕事があるときは、私の名古屋の実家の母に頼みました。

新幹線の床でおむつを替えて

新幹線のひかり号の座席が決まると母に電話して、列車の扉の前に立っていてもらうのです。一分間の停車時間の間に長男を渡し、何泊かして、帰るときも、また電話をして、同じように、列車の扉の前にいてもらって、長男を譲り受けます。座席が取れないときなどは、東京―名古屋間はノンストップなので、扉が閉まるとすぐ扉の前の通路に新聞紙を敷いて、〝領地〟をつくり、さっさと座り込んだものです。ギターのケースの上に長男を横にして、おむつを替えたことも何度かありました。

雨の日の朝、カサをさして、ギターを持ち、衣装ケースを肩にかけ、長男を抱いて、保育園まで歩き、その足で、コンサートに出かけたこともありました。

かっこ悪いなあとは思いましたが、かっこ悪いことを恥ずかしいと思ったら、自分に負けると思い込んでいました。若いころ、「赤面恐怖症」になるほど、自意識過剰の私には、「恥ずかしさ」「かっこ悪さ」とどう対処するか、自分とのたたかいが必要でした。

長女が生まれるとツッパリも限界にきて、それでつくったのが『自転車にのって』という歌です。

二人になってからは、週に五日間、夕方から夜にかけて、知りあいの娘さんにベビーシッターを頼みました。当時私のもらう出演料のほとんどがその謝礼に消えてゆきましたが、せっかく始動しはじめた演奏活動を中断しないためには、そうした出費が必要だと思いました。

しかし、四年たち、ベビーシッターとしては大変優秀で、子どもたちの世話をよくしてくれたその人が、結婚してやめてから、すぐ別な人にきてもらいましたが、いろいろなつごうで長くつづきませんでした。結局、四年生の長男が、妹を保育園に迎えにいき、私たち夫婦が遅くなる日は、保育園のすぐ近くのバス停でバスに乗って二つ目の祖父母の家へいき、夕食をすませて待っていました。

妹のむかえをよく頑張った

「友だちと野球していて、途中で抜けるのはいやだよ」と文句をいいながらも、長男は学校から帰って、五時になるとほとんど毎日迎えにいきました。本当は、小学生が迎えにいくのは許されていませんでしたが、保育園でも「あのお兄ちゃんなら」と特別に認めてくれていたのです。

こんな風に両親の留守がちの生活を兄妹二人で切りぬけてきたせいか、二人とも仲がいいようです。あるとき、娘が「お母さん○○さんのところへいって、夕食のしたくをみて『この家はいいなあ。お母さんが作って置いていった夕食よりずっとおいしそうだ』といったら、それじゃビタミンが足りな

自宅の前で（1980年ごろ）

くなるからって、トマト食べさせてくれたよ」といいます。それを聞いていた長男が「お前、そんなうちのハジになるようなこというなよ。それじゃお母さんがダメみたいじゃないか」といいました。

長女もわが家の〝ハジ〟には気をつかいます。朝、私がまだ寝ていると、一緒に学校へいくため、誘いにきた友だちに「お母さんは？」と聞かれて、「いまトイレに入っているの、長いのよ」と答えているのが聞こえたりします。

長女が四年生のときのこと。「お母さん、きのうは成功したんだ」と娘がいいます。「何のこと？」と聞くと「一人で寝ていてさびしくなったので、お兄ちゃんのベッドにもぐり込んだら、気づかれて、二回も出てゆけといわれたけど、三回目にやっと、お兄ちゃんがグウグウ寝ていたから隣で寝たんだ」といいます。

お母さんのパジャマ着て

また、あるときは、私が夜遅く帰ってきて、私のパジャマがないのでおかしいなぁと思うと「お母さんのにおいがするから」といって娘が私のダブダブのパジャマを着て寝ていることもありました。そんなとき私は、娘の手を握りながら「今は、さびしいとは思うけど、本当にあなたが困ったときには、一番最初に飛んでいってかならず困った敵とたたかって、守ってあげるから安心していてね」といつもいうのでした。

一カ月のうち半分は家にいない母親を持った子どもたちも、ようやく今では、高校一年生と小学校五年生になりました。

妹や母親に優しかった長男も、おそまきながら、やっと思春期、反抗期に入りつつあるようです。長女はあまりさびしいといわなくなり、ご機嫌がいいと、私の代わりに兄のお弁当を作ってくれたり、夕食のしたくもしてくれるようになりました。

忙しい忙しいと自分自身の人生を送るのに精いっぱいで、子どもの存在をいつもありがたいと思いながらも、「子どもが大きくなったら、あんなことも、こんなこともできる」とゆめみていましたが、いつのまにか、子どもと一緒に暮らせる残り時間の方が気になりはじめました。

夫婦と子ども二人、個性のまったく違う四人が、偶然家族という名のチームになり、一つ屋根の下に暮らして十数年。ケンカしたり、議論したり、家族四人で過ごせるのはあとどれくらいでしょう。

（『赤旗』１９８７年２月13日）

スモン——私の歌の記録

一九七八年七月、千代田区労協から電話があった。八月二日におこなわれる「スモン東京判決前夜のつどい」の出演依頼だった。千代田区労協の山田さん、鈴木弁護士、患者、家族の方たちと、打ち合わせのため、新宿で会った。そのときまでスモンという病気の名前しか知らなかった私は、そこでスモンの被害の実態を知り愕然とした。

千代田区労協としては、今まで涙がつきものだったスモンの集会を、何とか患者、家族を励まし明るい集会にしたいというのが私への依頼の主旨だった。しかし、弁護士、患者、家族の方たちは、歌を集会のなかに組み込むということについて、不安な気持ちをかくせず私をみつめていた。発病以来十数年、スモンによって人生を歪められ涙なくしては生きられなかった患者たちの前に〝歌手〟が来てうたう。歌というものがこの世にあったということすら忘れてしまった人たちの前で大丈夫だろうか？　うまくいくだろうか？　不信も交えた不安なまなざしが私に向けられた。

私のほうはといえば、不安を通りこしてただ恐ろしかった。生きるか死ぬかを前にした人、人生を呪って生きてきた人、そんな人たちの前でどういう接点を見つけて歌えばいいのだろうか。自分の生き方に対する甘さや欺瞞があばかれてしまうのではないだろうか。だいたいそのような時、音楽なんて必要ないんじゃないか、と思っていた。一同のいろんな思惑や不安が交錯したあと、山田さんが「横井さんは、プロだから大丈夫だよ」といった。この言葉がこの座を救った。そして、私にとってはこの言葉が決定的であった。プロとして信頼してもらっている！　たとえ、当日どうなっても、この信頼にだけは応えてベストを尽すべきではないか！　そう思った。

その足で、私は、鈴木弁護士と一緒に有楽町にある旬報法律事務所に行った。私は歌をつくって当日参加したいと思った。それはすぐスモンのことをカンパニアのために歌にしたいと思ったのではなく、一人の音楽を仕事として生きている人間が、いちばん自分の真剣な大切な部分を差し出さなかったら、スモン患者という人生の深淵をみた人たちと真正面から向きあえないのではないかと思ったからだった。それは、いわば私のためであり、私自身の〝仁義〟であった。

八月二日の夜、日弁連会館「東京判決前夜のつどい」。私は、はじめてスモンの患者さんたちの前に立った。会場をうめつくす支援団体や家族の人たち。一番前には車椅子に乗った患者さんや白い杖を手にした患者さんたちがいた。しかし、私は歌いはじめてすぐこの時間が早く終わればいいと思った。『自転車にのって』という子どもを前と後ろに乗せて保育園に送り迎えする母親の歌では、コミックソングなのに笑いは起こらず、逆に無言の〝怒り〟が返ってきた。私たちだってスモンに冒されなかったら子どもの世話をしたい！　こんな身体じゃなかったら自転車にだって乗りたい！　スモンのために子どもに飲ませるたった一杯の水を台所まで這っていかなければならない！　そんな無言の声がつきささってきた。いたたまれなかった。早く終わりたかった。しかし、何ということだろう！「うさぎ追いしかの山、小鮒つりしかの川」「志を果たして、いつの日にか帰らん」と一緒にうたってもらうよう呼びかけた『ふるさと』では、志を中断しなければならなかった無念さが漂うものの、山とうたえば山が描かれ、川とうたえば川が描かれる。「夢は今もめぐりて、忘れがたきふるさと」そして夢もふるさとも、一人ひとりの自分の人生の風景が、今、この時、しっかり彼らの眼の奥に描かれているのを私は感じた。

かつてこんなにも、私の歌の場面で、歌詞の風景が描かれたことがあっただろうか！　この歌詞の響きようは何ということだろう！　終わって「よかったですよ」と声をかけられても、私はしばらくのあいだ、歌が生きていた、歌が生命をもったあの瞬間のことを考えていた。そして、本当に歌は生命をもちうるのか、歌は救いに、歌は慰めに、歌は力になるのか、私は人間としてギリギリのところで生きている患者さんやそれを支えている人たちのスモンの運動のなかでそのことを探り確かめたいと思った。

八月二日の日のために創っていった私の歌は、その夜の二次会の席で隣に座ったス全協（スモンの会全国連絡協議会）現議長の鎌田さんから、暗くて悲しすぎるといわれた。

どうしてこんな恐ろしいくすりを
どうしてこんな呪わしいくすりを
じんじんじんじん痛みが走る
じんじんじんじんスモンがせめる

青空が遠のき緑の木々が消える
花の色はあせ
あるのは灰色の世界だけ

私もうたっていてそう思った。

同年十一月十三日、「福岡判決前夜のつどい」。私にとっては二度目の参加。前回と同じく会場となった日弁連のホールはいっぱいの人びと。私は数日前京都にいるとき創ったばかりの『ノーモア・スモンの歌』をはじめてうたった。みんなでうたえるようにと明るく創ったつもりなのに、途中から聞こえてきたのはすすり泣きだった。司会の山田さんが、高砂佳枝さんにマイクを向けた。「私たちの気持ちをよくうたっているけれど、悲しすぎて私にはうたえません」と、彼女はそのとき答えた。

あれから七年余りの月日がたった。彼女にかぎらず、怒った顔や、悲しい顔や、涙にぬれた顔しか知らなかった私も、今では、おちゃめな顔、得意そうな顔、はにかんだ顔、いろんな彼女の顔を知っている。

スモンの実態を知り、少しずつみんなのなかに入っていくなかで、私はひそかに、歌を三つつくろうと思った。一つは、みんなでうたえる歌。二つ目は告発する歌。三つ目は一人の女性を主人公にしたドラマチックな歌。スモンのような史上最大といわれる大きな薬害は、いろいろな角度から迫らないと、そこに起きている人間のドラマを普遍化できないのではないかと思った。三つの歌をつくろうと思ってから、結局、完成するのに三年近くかかった。

　　こわれたるこの身が役に立つという
　　　薬害訴え今日も街ゆく

　福岡の原田さんのこの歌をみて、同じ福岡の高砂佳枝さんは「スモンにさせられて私の希望することを何一つ自分でできない、そんなこわれた身体でもやれることがあった。健康な人よりも誰よりも、そしてすべての人々のためになることが」と記している。高砂さんに限らず私の出会った多くのスモンの患者さんたちのいちばん美しい清らかな人間性がここにある。この美しい人間観、世界観があったからこそ、多くの労働者がその訴えに涙を流し、そこを軸として国民的な大運動にひろがっていったのだと私は思う。往々にして人は、あまりにもショックな場面に首を突っこむと、そのショックの大きさに他の人をかえりみる余裕をなくし、結果として「経験したものでなくては分からない」と他を排斥してゆくものだ。

　私自身がそうであった。スモンの実態を知りはじめた初期のころ、歩いていても、電車に乗っていても、家

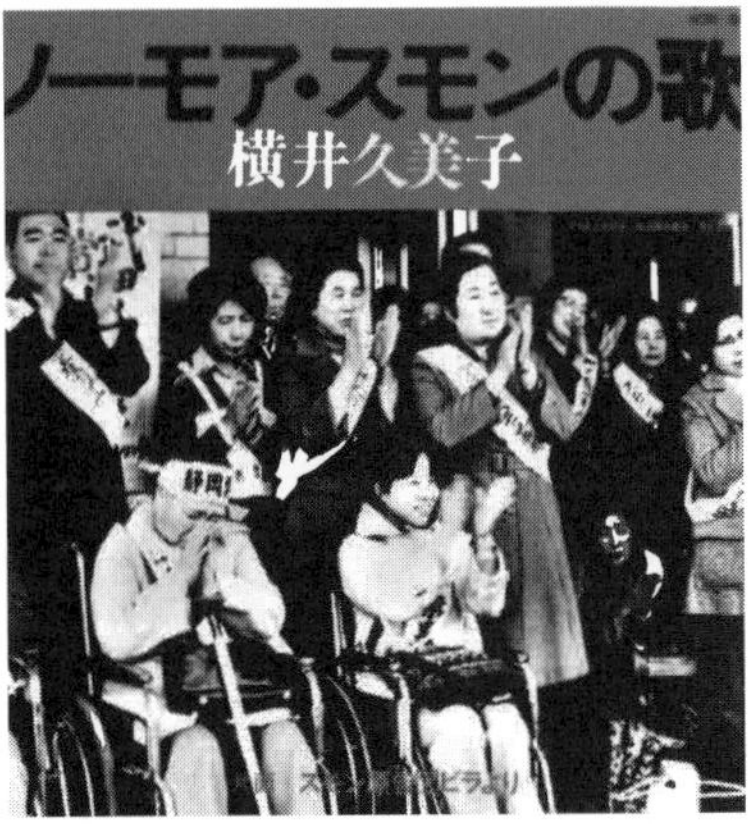

旧厚生省前での判決報告集会の写真がEPのジャケットに（1979年2月22日）

のなかにいても、なぜこんなひどいことが……と涙があふれ、健康な身体をもっている自分が恥かしかった。そして何も知らない、知ろうとしない人たちに対しイライラしていた。そんな私の眼に映ったのは、スモンの患者さんたちの殉教者にも似た勇敢で美しい姿だった。だから、『ノーモア・スモンの歌』の歌詞は、私に映ったスモンの患者さんのいちばん美しい部分を抽出したにすぎない。

ノーモア・スモンの歌

道端の小さな　花でも生きている
土に住む小さな　虫でも生きている
そんな姿に　生きる力を　とりもどしたけれど
※　こんな苦しみは　二度と　この世におこしてはならない
　　こんな苦しみは　もう　わたしたちだけでいい

おかされたこの身の　目となり足となり
長い日々はげまし　つくしてくれた入
そんな姿に　生きる力を　とりもどしたけれど
※　くり返し

ビラをもつこの手を　にぎりしめてくれた
街をゆく人たちの　さりげないやさしさ
そんな姿に　生きる力を　とりもどしたけれど
※　くり返し

この国に再び　薬害おこすなと
ともにたちあがった　たくさんの人たち
そんな姿に　生きる力を　とりもどしたけれど
※　くり返し
※　くり返し

こんな苦しみは二度と、この世に起こしてはならない。こんな苦しみはもう、私たちだけでいい。

この歌は英語訳にして、一九七九年夏、サンフランシスコでもうたった。

二曲目の告発の歌は『原告団のビラより』として、東京の原告団の方たちがつくったビラの言葉をもとにして作曲した。歌を聞けばスモンといわれる病気の概要がわかるようにつくった。

エマフォルム／エンテロビオフォルム／乳化キノホルムタナベ／タナベ総合胃腸薬／メキサフォルム／強力メキサフォルム／この薬はきわめて完全で副作用がなく／老人子供にも／安心し

て用いることができる／ところがこんな能書きは／まっ赤なウソで／こんな薬を飲みつづけていたら／Subaute Myelo Optico Neuropathy 亜急性せきずい・視神経症／頭文字をとってSMONと呼ばれる／キノホルムの中毒症に／足を奪われ目を奪われ／命も奪われ激しい痛みに／悩まされつづけ治療法もないままに／職場を追われ病院からだされ／隣近所からジャマにされ／病気がうつると／奇病だ伝染病だ遺伝病だと／ところがずっと以前から／キノホルムが毒であることが分っていた／犬にすら飲せてはいけないと／製薬会社は知っていた／テレビでタレントが／どんなにこやかに／あなたに薬をすすめても／製薬会社は／あなたの健康より／会社の利益が大事です／製薬会社の一番の望みは／薬を売りつけもうけてもうけて利益をあげること／こんなことを国がいつまでも野放しにしていたら／いつのまにか日本列島は／薬害列島になってしまうでしょう／あなたの健康を守るために／あなたも一緒に叫んで下さい／ノーモア・スモン！

第三曲目は『父さん、母さん』。北海道の旭川市に住む患者さんの片岸ひろみさんの文章をもとにしてつくった。私よりほんの少し年上で、清楚な彼女の姿と文章がダブッてできた。今でも、おじさんの代筆でお手紙をいただく。一九八五年夏に私が中米のニカラグアへ行ったときはカンパまで添えて。

父さん、母さん

父さん、母さん

わたしは足なえて失明しました
南方の戦地から手紙をくれた父さん
日本の未来を信じてたたかい
戦死した父さん
女手一つでわたしを育て
ボロきれのようになって
死んだ母さん
※　目にうかぶのは父さんの笑顔
　　目にうかぶのは母さんのやさしさ
　　目にうかぶのは二十歳までの
　　色あざやかな毎日

父さん、母さん
スモンという言葉を知っていますか
美容師になったわたしは
いつも夢をみてました
結婚して子どもにかこまれ
おもうだけでしあわせ

そんなわたしが足をひきずり
うすれた光をまさぐり
さけんでいます
※　くり返し

父さん、母さん
わたしをいつまでもみていてください
父さんが命かけ
守った日本この国が
わたしの青春わたしのすべてを
うばってしまったのです
でもわたしは生きてゆきます
明るい光を信じて生きてゆきます
※　くり返し

この歌は、一九八〇年の暮れに東京の草月ホールで開いた私のリサイタル「女をうたう」で初演した。他の現代を生き、現代につながる女たちの歌と同じように、企業の人間無視、利潤優先の結果としてスモンに冒され、それでもなおこの時代を生きぬこうとしている姿は〝現代の女〟そのものだと思ったからでした。

スモンは一九六〇年ごろから日本各地に多発し、患者は一万人を数え、被害者のほとんどは二十年以上の苦しみを今もなおうけ続けている。長いスモン運動の歴史のなかで私が参加したのは、その後半部分であった。とくにここ数年間に、労働組合の支援をうけ、スモン運動は歴史的な展開をみせ、一九八六年の年末には全員が〝解決〟するといわれている。たとえ訴訟上で〝解決〟するとはいえ、肉体的な苦しみ、痛みがなくなるわけではない。しかし、この史上最大といわれる〝薬害〟の責任を、国を相手に明らかにしていった歴史的な大事業に、一人の音楽家として参加できたことを私は感謝している。このスモン運動のなかで、私は何度も「歌に生命が灯る」瞬間をみた。歌が祈りにも、救いにも、力にもなったその瞬間を。

これからも、スモン運動から学んだことを大切にして、生きてうたいつづけていきたいと思っている。

（『薬害スモン全史』第4巻／1986年9月）

じん肺訴訟の支援でも歌を届け続けた

じん肺の被害者たちを前に被告企業本社内の廊下で歌う著者

『ただの私に戻る旅』からの心の軌跡

この本（『ゆるゆる　ふっくり』新日本出版社）におさめた文章は、一九九九年四月から二〇〇二年三月までの三年間、ちょうど二十世紀から二十一世紀へかけて、私が『東京新聞』（一部は『中日新聞』『中国新聞』にも掲載）に毎週書きつづった「本音のコラム」をもとに編集したものです。

この欄の執筆依頼を受けたとき、正直なところ、私のような音楽一筋に生きてきた人間に、何十万という読者のいる新聞のコラムが毎週書けるだろうかと自信がありませんでした。とりあえず三カ月ということで出発し、編集者から「もう三カ月」と励まされ、とうとう三年間、一回も穴を空けずに百五十二回書きました。地方の公演先からはもとより、アイルランド、ポーランド、ワシントンから原稿を送ったこともありました。

それにしても、この三年間に書いたコラムを読み返してみて、これほど多様なテーマをとりあげていたことに、我ながら驚いています。一つ一つの内容は、とくに斬新な視点があるというわけではなく、ごく普通のことを、家庭をもち、二人の子どもを育てたごく普通の女性の感覚で発言しているにすぎません。毎週、決まった字数で書くことは大変でしたが、ひとりの生活者として、社会的発言をしたい事件は次から次へと出てきて、テーマに困るということはありませんでした。それほど現在の社会は、日本をみても、世界をみても、普通の人たちが言いたいことが山ほどあるのだと思います。

ただ、この三年間に、その時々の社会的関心にそって書きつづった短いコラムを、あらためて一冊にまとめてみたいと考えたのは、私なりのひとつの思いがありました。

実は、私は、七年前に『ただの私に戻る旅』（旬報社）という本を書きました。その本を読まれた方は、今回の三年間のコラムの筆者が同じだとは、とても思えないかもしれません。七年前の本のなかの「私」は、とても社会的なテーマについて新聞にコラムを執筆できるような状態ではありませんでした。一種の「燃え尽き症候群」のような状態に落ち込み、もがいていたからです。

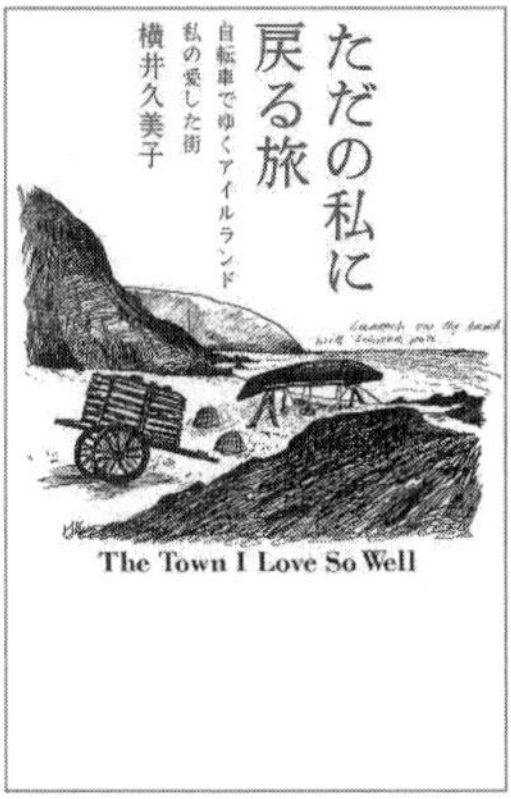

三年間にわたってコラムを執筆することによって、私は、七、八年前にはあんなに苦しんだ「燃え尽き症候群」の自分を、ようやく客観的に捉えることができるようになった気がします。現代の日本社会で問題になっている「引きこもり」や、「燃え尽き」などが、だれにでも起こりうる現代社会の病弊として、はっきりと見えてきたといってよいのかもしれません。

そこで、本文に入る前に、『ただの私に戻る旅』から、「本音のコラム」にいたる私の心の軌跡、どのように回復し元気

日本青年館での20周年コンサート（1989年10月）

になっていったのかということを、簡単に振り返ってみたいと思います。

十年前の私・燃え尽き症候群

一九六九年にソロ歌手として演奏活動をはじめた私は、一九八九年、歌手としての二十周年記念コンサートを、日本青年館でおこないました。二十年間も歌ってきた自負心からか、私は、バンドだけでなく、オーケストラをもバックにした大規模なコンサートを企画しました。

しかし、その企画は、プロダクションにも所属せず、組織的な後援会も持たない私には、大きすぎたのでしょう。実際は満席に近かったのに、満席にするという目標が達成できなかったと落胆し、また、二十年も歌ってきたのに、緊張のためかコンサートの最初の出だしの声が十分出なかったと思い込み、コンサートが終わると、私は、突然「燃え尽き」状態になったのです。もうこのまま新しい曲もできず、私は、枯れ木のように朽ち果てていくのではないかという不安感にさいなまれました。幼いころから音楽の勉強をし、好きな「歌うこと」を職業とし、多くのファンに支えられ、それまで大きく落ち込んだことのなかった私をはじめて襲った挫折感でした。

一般に芸術や芸能など、自己を表現する仕事を職業にしている人は、小さいころから毎日、五時間も六時間も自己に集中する訓練を積みかさねてきたせいもあり、他の仕事の人たちよりずっと、自己中心的で、唯我独尊になりやすい傾向があると思います。

私の場合も、その傾向が強かったようです。年齢もちょうど四十代後半に入っていました。気がつくと、歯を食いしばっていたり、耳からは私の悪口がいっぱい聞こえたりしました。その不安感の主な原因は、「私が期待した私らしい私」になれないというものでした。

こうした状態のなかで、私は、音楽とは違う仕事をすることで「燃え尽き」状態から脱出したいと思いました。「衛星チャンネル」（現・朝日ニュースター）のビデオジャーナリストに加えてもらい、ビデオカメラを肩にかついで、企画、撮影、編集、レポートを全部一人でする仕事にも挑戦しました。

しかし、一年以上たっても、「燃え尽き」状態は変わらず、私にとって一番大切にしてきた「歌う」ということがますます萎えてきてはじめて、私は、自分のなかの自分と対峙しなければ、もはや「私」を再生できないと思ったのでした。

ただの私に戻る旅

では、対峙するべき自分とは何なのか。「額縁」のなかにいる自分ではなく、「額縁」を取り去った

アイルランド自転車横断旅行に（1991 年 8 月）

自分は何なのか。私は思い切って日本から遠く離れ、旅をしようと思いました。

自分を再生するために選んだ国は、ヨーロッパ最西端の国アイルランドでした。岩盤でできた土のない島アラン島。信仰なくしてはとても住めないといわれる厳しい大自然の中に、この自分を置いてみたい。年齢からも職業からも国籍からも自由になり、自分を飾っている「額縁」を振り捨てたい。肉体の限界に挑戦し、大地につながる私の命の根っこは何か確かめてみたい。そう思ったのです。

一九九一年、私は、首都ダブリンで自転車を借り、西へ二百十九キロ、アラン島をめざし、アイルランドを自転車で横断しました。どこまでも続く緑の牧場。雲ひとつない青い空。照りつける太陽のなか、ただひたすらアイルランドの大地を走り続けました。

空と海が迫る無音の島アラン島。風がそよぎ野うさぎが遊ぶ島。今この島で、世界のだれとも繋がっていないたった独りのたよりない私。手で摑めそうな満天の星の下、地上で生きる私は、まるで海辺の砂粒のよう。そうなんだ、私はこの大宇宙のなかの砂粒。それでいいんだ。ふとそう思ったら急に楽に呼吸ができ、胸が広がり心が広がったようでした。

アラン島から戻った旅の終わりに、ダブリンで私は持っていた自分のテープを聴きました。

聴き終わって涙がでた。／久しぶりに自分のテープを異国で聴いたせいだろうか。私もなかなかいい仕事をしているじゃないのと思った。／（中略）そこに「私」がいる。誰の真似でもない独自の世界がある。／それは、……私の心に響いたものは何でも歌うんだという強烈な「歌うことへの執念」だ。／（中略）／この歌わずにはいられないという「歌うことへの執念」が、生まれもった命の根っこだった。だから、たとえ私が枯れ木のようになったとしても、命が終わらない限りなくならないものなのだ。／私はやっと自分を許した。／今のままでいいんだ。今までよくやってきたじゃないのと。涙はそのせいだ。（『ただの私に戻る旅』174ページ）

この旅で私は、人間としての生命力を再確認し、等身大の自分、あるがままの自分を取り戻していくきっかけを摑んだように思います。日本に向かう飛行機の中で私は、「明日から……たくさんの人に出会っていこう。／……どこにいてもまっすぐ顔を上げ、はっきり声をあげ、生きている人たちに。……声もあげられず、うずくまっている人たちに。……いくつもの涙に」（同180ページ）と、日本で待っているたくさんのことにゆっくりと想いを馳せていたのです。

春秋楽座

「人との出会い、語らいこそがエネルギーの源」という発想はアイルランドの旅のなかで生まれました。そこで、「春秋楽座」というミクロライブを、アイルランドから帰った翌九二年からはじめました。主催者には、「鳥羽の潮風三十人組」「越後紅三十人組」「富士山麓三十人組」など、その地域風土をあらわす名前をつけてもらい、地域のなかで音楽を通して主催者（組長）とともに元気になる場を創ろうと考えました。文化的地域格差をなくすため、出演料は、交通費込みで全国同一料金にしました。参加者の上限も五十名とし、たとえ少人数でも、人々の日々の暮らしの現場にでかけ、歌うことで、「私」を取り戻していきたいと思ったのです。

しかし、この企画を実現するには、幾つかの困難がありました。大きなステージでは、音響、照明、バックバンドなど専門家スタッフが協力して舞台をつくります。そんな専門家に守られて私は今まで歌を歌ってきました。「春秋楽座」は、生の声の通るところならどこでもよいと思い、お寺、喫茶店、教会、公民館などで開きました。まず、最初にとまどったのは、不思議に思われるかも知れませんが、マイクがないため立ち位置が決まらないことや、場所によっては靴をはかないで歌うことでした。また、参加者も場所もさまざまで、志摩半島では、漁師のおばさん。高浜原発のある町では、原発労働者。都会では、しゃれた着物姿の女性たち。なかなかいい会場が見つからなくて、やっと見つかったからと、出かけたら線路下だったり、古時計収集をしている居酒屋では、一斉にボーンボーンと時計

川崎での「春秋楽座」で（2012 年 6 月 24 日）

がなりやまないということもありました。

アイルランドの旅で、個人の家庭に泊めてもらったことが、アイルランドをより理解し好きになったことから、できるだけ主催者の自宅に泊めてもらうようにしました。こうしたスタイルでは、どんなに気取ってもあるがままの「私」でしか勝負できません。

「春秋楽座」で歌うことで私は、新しい試練ともいえるほど、音楽家として鍛えられました。この十年間に、繰り返し出かけた「楽座」を含め、全国でおこなった「楽座」は、六十カ所、二百回をこえました。私は、ホールコンサートだけでは出会えないたくさんの人たちと出会い、その「直接支えられ、繋がっている」という実感が、はかりしれないエネルギーになりました。こうして「春秋楽座」は、私の再起への大きな原動力になったのです。

「世界中の愛をあつめて」

一九九六年、私は新しい観客層と出会いました。それまで私のファンは、私と同世代前後の女性が圧倒的に多く、私自身は、それを誇りに思い、低年齢の観客のことは考えたこともありませんでした。

そんな私に、神奈川県の「おやこ劇場」から出演の依頼がありました。「すぐれた舞台芸術は、子どもの心を豊かに育てます」と、子どものうちからバレエや歌舞伎やオーケストラやお芝居など本物の芸術に触れることで、子どもたちの豊かな成長と発達を願う団体です。私は、「子どもむけの歌をうたわなくてもいいのなら」と、引き受けましたが、私のレパートリーが小学校高学年の子どもたちに理解できるか、内心とても心配でした。

いよいよコンサートがはじまりました。「騒ぐのではないか」「居眠りするのではないか」と、私は不安を抱えながら歌いはじめましたが、コンサートが進むうち、その不安は吹っ飛びました。舞台を観終わった子どもたちの顔は輝いていました。

「横井さんの『自転車にのって』を聞きながら、わたしが六歳のとき、おとうとが二歳で、ほいくえんのいきにおとうさんが二人を自転車にのせはしったのを、おもいだしました。わたしの母もしごとをしているので、まい朝まい朝いそがしいです」(十歳女)、「平和はすごくたいせつなんだなとおもいました。世界が平和になってほしいです」(九歳女)、「心が清らかになったというか、洗われたような感じになった。頭の中の考え事がふっとんだような気がした。僕も他人のことを考える大人になりたい」(十四歳男)。

こうしたたくさんの手書きの感想を読み、私は、子どもたちが舞台を観ることを積み重ねることで

かわさきおやこ劇場でのコンサート（2009年5月10日）

大人以上に優れた感性を培っていることを身をもって教えられました。何と素晴らしい子どもたちと出会えたのでしょう。その感動を私は『世界中の愛をあつめて』という曲にして、彼らに贈りました。

相模原市のコンサートでは、三十年前、米軍の相模原補給廠からベトナムに送る戦車を市民が阻止した歌『戦車は動けない』を、私たちの街の誇りとして子どもたちに伝えたいからと、リクエストされました。私は、まず、一九七三年にハノイで私が『戦車は動けない』を歌ったライブを会場に流し、そのあと歌いました。

「家でお母さんに昔、相模原に戦車があったと聞き、コンサートに行ったら本当にその歌があり、おどろいた」（十一歳男）、「自分の住んでる町の人が、自分の意思でそんなことをしたと知って、すごく心に残った」（十二歳男）、「なによりベトナムにサガミハラの名前が通っていてびっくりした」（十三歳男）、「平和のなかでしか子どもたちは豊かに育たない」という「劇場」の大人たちの願いが、見事に伝わった舞台になりました。

子どもたちの姿にも感心しましたが、私は、「おやこ劇場」に集まっている二世代三世代にわたる大人たちの活動にも目を見張りました。子どもたちを取り巻く社会状況がますます危機的になり、一人一人がバラバラに孤立させられている地域社会にあって、優れた舞台こそが、感動を共有し、人と人が手をつなぐ「生きる力」になると、文化と深くむすびついた地域ぐるみの子育て運動が展開されているのです。みんなで作品を選ぶことからはじまって、チラシをつくり、ポスターをはって、たくさんの人を誘い、当日は、託児所もつくり、観終わったあともその感動を伝えあうという、サークルを基礎にした実に丁寧な取り組みが、若いお母さんや青年たちを中心にされていました。

これまで音楽家として子どもたちを前に演奏する機会はなかったのですが、この七年間で、十六回の舞台を「おやこ劇場」とともに創り、その舞台はステージシンガーとしても充実感に満ちたものになりました。「子どもたちこそ、未来であり、夢であり、希望である」という一九五一年に制定された「児童憲章」を、運動の根っこにしている「おやこ劇場」の舞台に立つのは、音楽家として、大人として、ひしひしと責任を感じ、身震いするほどの大仕事です。

しかし、次の日本を、世界を担う子どもたちに何かを伝えることは、私も未来を創る壮大な仕事に参加できることであり、音楽家として深い喜びが湧いてくるのでした。

勇気ある人たち

「春秋楽座」をはじめとした音楽活動の一方、私は、女性差別是正裁判や、ゴミ処分場問題などさま

被告企業本社前でのじん肺抗議集会で

ざまな社会的活動にも参加するようになりました。
九二年の秋、じん肺に侵された「じん肺訴訟」の原告と出会い、その病気の悲惨さに衝撃を受けました。「じん肺」とは、炭坑のなかで粉塵を吸い過ぎ、肺が機能せず、死に至る世界最古の職業病です。日本の繁栄を地の底から支えた炭坑労働者たち。会社はなくなり、ヤマはなくなり、じん肺だけが残りました。私はじん肺の夫を看病した妻の気持ちをうたった『夫へのバラード』や炭鉱労働者をうたった『黒い肺のブルース』をつくり、各地のじん肺集会にでかけ、たくさんの原告・遺族に出会いました。
「今まで何度裁判を止めようと思ったことでしょう。でも、たくさんの人に出会えて、十八年間、たたかってきてよかったと思います」――日本で最初に炭坑夫じん肺訴訟の声をあげた長崎北松じん肺の原告の一人で一九九四年、最高裁判決で時効棄却された谷村静野さんの言葉です。クリスチャンの彼女は、じん肺裁判の先頭に立ち、遠く長崎から各地のじん肺闘争に火を付けました。原告・遺族は、病んだ体と高齢をおして何度も遠い長崎北松から上京し訴えました。

彼女たちが、勇気をもって国や企業に「ノー」といった時から二十二年、谷村さんはじめ多くの原告が、「生きているうちに救済」されずに世を去りました。私は、じん肺訴訟を通して、たとえ報われなくても、不正義をただすために立ち上がったたくさんの勇気ある人々に出会いました。礎《いしずえ》のようなたたかいをした人たちに出会うことができたことを音楽家として誇りに思っています。

今でも私の机の上には一枚の葉書が留めてあります。時効棄却された翌年の集会で、私はチューリップの花束を谷村さんに贈りました。「きれいな花束うれしくて、しっかり長崎の家まで抱いて帰りました。ぐったりしていても水に入れたらしゃんとなって、私と同じだなあ。元気に咲いています」。

アイルランド留学

旅は、人々との結びつきを一挙に外側に広げます。

たくさんの人との出会い、学ぶ機会は、国内だけでなく、海外でもありました。一九九四年には、二十一年ぶりにベトナムを再訪しました。前回ベトナムを訪れたのは、ベトナム人民がアメリカの侵略と戦っていた戦争中の一九七三年。私は二十九歳でした。今回は、ホー・チ・ミンとハノイでそれぞれ千名も集まったコンサートをし、ファン・バン・ドン元首相とも単独会見しました。

九六年には、マンデラ大統領誕生後の新生南アフリカを、福岡の「じん肺弁護団」とともに訪問しました。南アフリカは、一九三〇年、世界で最初に「じん肺」の国際会議が開催された国で、私は、弁

アイルランドのリマリック大学でバウロンを学ぶ（1998年9月）

護団とともに生まれてはじめて地下三千メートルのクルーフ金鉱山の坑内に入る体験をしました。

九八年には、文化庁の「芸術家在外研修員」にチャレンジし、アイルランドのリマリック大学に短期間留学しました。二十歳前後の海外からの留学生百人が学ぶアイリッシュ・ミュージック科に籍をおき、毎日バスで大学に通う生活を体験しました。しかし、大学では語学力が不十分で、私は毎日右往左往し、自信喪失の状況が続きました。

クラスの発表会の時のことです。授業でならった歌をみんなの前で歌うのですが、ステージに立ってびっくりしました。手も足もガタガタ震えるのです。止めようにも止まりません。何千回も人の前で歌ってきたのに、何故かと考えてしまいました。

「歌を必要とする人のもとに歌をはこぶ者が歌うたいだ。問いをはこぶのが歌だ」と、カントリーシンガーのウィリー・ネルソンは言いました。私の好きな言葉です。私は、今まで歌詞を通して自分の思いを伝えるために歌ってきました。英語によるクラス発表会では、伝えたい中味もその対象も不明確で、今までの蓄積など通用しなかったのです。こうした経験は、改めて「歌う」ということの意味を考えるきっかけになりました。また、滞在中、私のバウロン（民族楽器）の先生であるサンドラ・ジョイスをはじめ多くの音楽家と接し、アイルランド留学で一番学びたいと思っていた音楽や音楽家が「自然体」で存在する姿に何度も触発されました。

私が外国人のせいか、遭遇した出来事もありました。

N先生は、グレゴリア聖歌の専門家であり、有名な作曲家の妻であり、国連の親善大使としてボスニアをはじめ世界各地で歌った経験を持つ歌手です。個人レッスンをお願いし、先生の家にいきました。レッスン室に入ったら先生はキャンドルを灯し、さて、始まりかと思ったら突然先生が、「私、夫と別れるの。あなたサンドラから聞いていない？　彼は、恋人ができて数日前、私のもとを去っていったの。私は彼を愛しているから彼女と彼を共有したいと思ったけれど、ダメだったの」と、突然の告白です。先生のあまりにせつない気持ちにおもわず涙ぐんでしまいました。先生といっても私の方が年上なので、つたない英語でしばらく男女関係、夫婦関係について話しました。

数日後、もう一人の先生であるサンドラに話すと、「二人とも有名人なので、きっと外国人のクミコだから言えたのね」と言われました。

その翌年の夏、リマリック市の聖メアリー大聖堂でのコンサートに出演してくれる約束だったので、先生に連絡したら、ダメなのと言われました。理由は、これを機会に三年間、歌手活動を休み、大学でグレゴリア聖歌をさらに深めるため神学の博士号を取るということでした。なんというさぎよさ。

どんなに傷つき、叩きのめされても、境遇に負けず道を切り開く女性の存在は、国境を越えて世界共通です。

　毎年夏の、リマリック市の大聖堂でのコンサートは、サンドラをゲストに迎え、今年（二〇〇二年）で四年目になりました。

ふきさん100歳の誕生日に（1998年2月）

ふきさんと百合子――「ゆるゆるふっくり」

　前後しますが、一九九五年からは一年に二、三回、櫛田《くしだ》ふきさんが話し、私が歌うという「ふきとくみこのトークライブ」を始めました。このライブは、二〇〇一年二月五日、百二歳の誕生日を目前にふきさんが亡くなられるまで続き、ふきさんの遺影と共に開催した第十七回目が最後となりました。

　ふきさんとの出会いは、ふきさんが八十歳の時『あなたを見ていると』という歌をつくったことがきっかけですが、このライブを通して、私は、ふきさんの平和への情熱を身をもって学びました。「右手にらいてう、左手に日本国憲法」と、ふきさんは百歳にして、ガイドライン法反対を呼びかけ、自らも車椅子で銀座デモに参加した希有の人でした。「息をすることは行動すること」「平和は綱引き」「沈黙は共犯」などの名言の一方、「私は歳でみんなをおどかしているの」などユーモアに溢れ、周りにいる人を幸せにする人でした。私は、降り注ぐようにかけがえのないパワーをふきさんからもらいました。

また、ふきさんを通して作家の宮本百合子も知り、歴史を切り開いてきた女性から女性へ、脈々と受け継がれている平和を願う精神を学びました。折に触れふきさんから聞いた百合子のことについて、「百合子とふきさん」と題して、現在刊行中の『宮本百合子全集』第六巻月報に私が書いたエッセイがあります。少し長くなりますが、そのエッセイを引用しておきます。

百合子とふきさん

宮本百合子という、私にとって大きくて遠い存在の作家を、身近に感じられるようにしてくれたのは、故櫛田ふきさんだった。

私は、一九九五年から一年に二、三回、ふきさんが話し、私が歌う「ふきとくみこのトークライブ」という集まりをふきさんと企画していた。二〇〇一年二月五日、ふきさんは、百二歳の誕生日を目前に亡くなられ、第十七回目の「トークライブ」は、ふきさんの遺影と共に開催し、それが最後となった。

ふきさんと百合子は、同じ一八九九年生まれ。誕生日はわずか四日ちがい。だからふきさんは、私たちに「百合子は、五十一歳で死んで、いつまでもみんなの心に、若い姿のままに残っているでしょ。でも私は、百歳すぎまで生きてしまってシワシワね」といってよく笑わせた。

ふきさんの話には、ふきさんを婦人運動に引き込み、師と仰ぐ百合子の言葉が随所に出てきた。

「あなたを婦人民主クラブの書記長に選んだのは、決して有名な学者の未亡人だからじゃないのよ。二人の子どもを女手一つで立派に育てあげた母としてのあなたの愛と力量を見込んでのことよ」

「あせることはないの。ゆるゆるふっくり、そして根づよく運動して力をたくわえ、仲間を広げていきましょ」

「あなたが平凡なあたりまえの主婦だってことは、とてもいいことよ。その平凡さ、当たりまえさを組織しなさい」

「婦人民主新聞は、もっと新鮮で愛すべき新聞にしなさい。なまじ煮たり焼いたりせずに、泥のままの大根でいいの、朝露のついたままのキャベツでいいの。料理は読者にまかせなさい」

ふきさんから折りにふれて聞いたこれらの百合子の言葉は、ふきさんの自伝である『二〇世紀をまるごと生きて』（日本評論社）にも収められている。

ふきさんは、一九四七年、皇居前広場で行われた戦後初の国際婦人デーに、百合子がこの日のために起草した「世界中の姉妹よ！　戦争の犠牲とされた日本の全女性の叫びに耳を傾けてください」とはじまるメッセージを、感動で涙ぐみながら朗読したこともあった。

ふきさんと百合子の付き合いは、百合子の早すぎる死もあって、わずか五年だったという。しかし、その五年間は、百合子が、ちょうど治安維持法による執筆禁止が解けて、『播州平野』『風知草』『二つの庭』と堰を切ったように次々と名作を生みだしていたころと重なっていた。

「百合子は、おない年の『お友だち』でありながら、大きな、柔らかい、ひとまわりもふたまわりも年長の力で私を包み込んでくれた。百合子に出会わなければ、今の私というものはない」とふきさんはいう。

ふきさんを師と仰ぐ私は、そうした百合子自身が超多忙な時期に、「ゆるゆるふっくり」「朝露のついたままのキャベツでいいの」と、ふきさんに問題解決の道筋を示したという百合子の人間としての豊かさに、心地よい存在感を感じる。

この文章を書くため、改めて『播州平野』を読み直してみて、私は、そうした百合子の人間的な資質ばかりでなく、それを土台にした作家としての芸術的に卓越した才能に圧倒された。敗戦直後の日本人の暮らしぶりが、きらめく瀬戸内海、六甲の山並、耕された軽々した土、空にうかぶ白雲など、のびやかな播州平野を背景に、ほとばしるように描かれている。こうした日本の山や河、野や畑を丹念に書くことによって、百合子は、日本人の受けた心の痛みをより鮮明に描き出しているかのようだ。

作品の中で「ひろ子が小説に描きたいと思う女のこころもちは、いわば日本のあらゆる女性の感情のテーマとなってきたのである」と、「戦争」が奪った「女のこころもち」を描くいくつもの場面が胸を打つ。「何かの意味で眠れない夜々を持たない女は、日本にはいないのであった」「ね、お母さんは、大切な一人の息子とひきかえに、やっと一人の息子をとりかえしなさったのよ。なんてことでしょう」

百合子が『播州平野』で書きたかったのは、決して悲しみや痛みだけではない。取り戻した平和な日常の暮しの、なんという「ゆるゆるふっくり」した心の安らぎ。それをもう二度と奪われてはならないという痛恨の思い。その思いこそ、『播州平野』の主題だった。そして、百合子がふきさんにくり返し語っていたという、先にあげた言葉もまた、まさにその思いから生まれ出たものにほかならない。

ふきさんも、その百合子の思いを私たちに伝えたかったにちがいない。ふきさん亡きいま、私たちはそれをしっかりと受け継がなければならない。そう思った。

（新日本出版社『宮本百合子全集』第６巻月報（13）／２００１年12月）

偉大な先輩たち

ふきさんや宮本百合子に加え、津田塾大学を創立した津田梅子も、私にとって偉大な先輩の一人になりました。きっかけは、津田塾大学創立百周年を記念してつくられた映画『夢は時をこえて』を観たことです。百年も前に、時代の嵐とたたかいながら、女子教育に命を捧げた女性がいたことに感動しました。さらにその後、津田塾会や津田塾大学でおこなわれたワークショップやセミナーなどに招かれ、卒業生や学生と接する機会があり、梅子の時代から一世紀経つのに、「女性の自立」という梅子の理想が、脈々と受け継がれていることに感心しました。

二〇〇〇年六月には、津田塾大学同窓会ニューヨーク支部総会に部外者として参加し、日本国憲法草案に男女平等を書き込んだベアテ・シロタ・ゴードンさんに会うことができました。白髪にフワリとした赤いロングドレスのベアテさんは、とてもきさくで優しい方でした。二十二歳の若さで憲法草案作成に携わったというベアテさんは、「私は、日本の女性が幸せになるには何が一番大事か女性の一人として考えたのです。明治憲法には一字もなかった女性や児童の権利が新しい憲法には必要だと考えました」と。そして、そこに集まった津田塾大学の卒業生に「現憲法は押し付けられた憲法だという人がいますが、逆に、日本がこんなに素晴らしい憲法をもっていることに誇りをもって下さいね」と、流暢な日本語で話されました。

　ベアテさんとは、その年の秋、東京都三多摩の女性たちを中心にした「ベアテの会」主催の大集会でもお会いし、私は、舞台で歌い、トークのお相手をしました。この時も、ベアテさんは、会場に集まった千二百人の人たちに、憲法草案に託した思いを語り、特に若い人たちに、日本のためだけでなく、全世界のために平和の運動をしてほしいと講演され、集まった人たちを励ましていました。

　私たちの前を歩き、想像を絶する困難とたたかい、新しい道を切り開いたたくさんの優れた先輩たちがいます。その先輩たちが生きた証、その志を今に生きる私たちは受け継がなければならない。私は、同時代の人々と接し学ぶだけでなく、過去の歴史や優れた人々から多くの示唆を受け、学びたいと思いました。

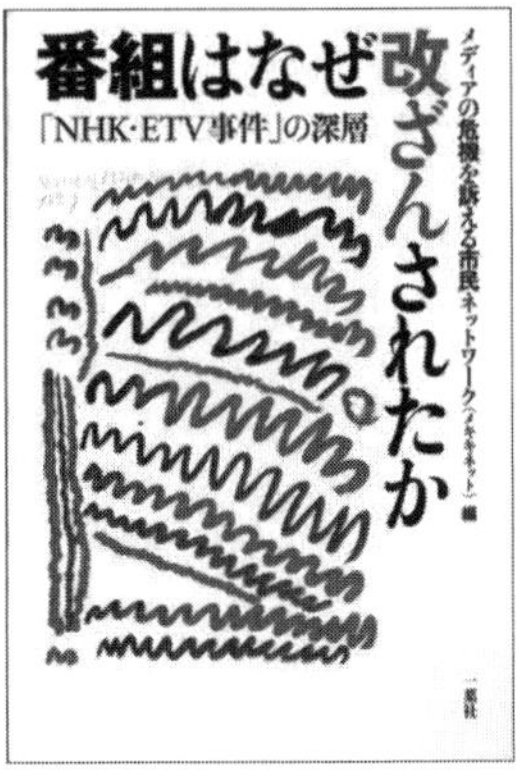

「女性国際戦犯法廷」がテーマの本――表紙は被害者のキム・スンドクさんの絵

　二〇〇〇年、東京で、「女性国際戦犯法廷」が開かれ、日本軍の性奴隷制が裁かれました。私は、その法廷に参加し、怒り、涙し、感動し、今までの人生で最高に凝縮した五日間を過ごしました。そして、人々が力を合わせれば、たとえ闇に葬られた正義でも、光があてられ、正義がよみがえるという歴史的場面を体験しました。二〇〇一年にはオランダでおこなわれた「ハーグ最終判決」にも参加しました。

また、二〇〇〇年六月には、ニューヨークでおこなわれた国連の「世界女性会議」にNGOの一員として出席し、その秋にはワシントンでおこなわれた「世界女性行進」に参加するなど、たくさんの出会いを深めてきました。


「私」の存在は「社会的人間的かかわり」のなかに

私は、小さいころから本を読むのが好きでした。思春期のころは、小説の類いよりも哲学的な本に惹かれました。高校時代は、倉田百三の『愛と認識との出発』に心酔し、ボーボワールなども手にしました。私は、職業である音楽を聴くより、むしろ趣味として気楽に楽しめる読書の方が好きで、手当たり次第に何でも読みました。「燃え尽き」状態の時は、『「家族」という名の孤独』（斎藤学）、『諸行有情　精神科医のつぶやき』（中沢正夫）、『神経症の時代』（渡辺利夫）などカウンセリングに役立ちそうな本を多く読みました。

今回、ふと大学時代の記憶をたどり、本棚の奥にあった古い文庫本の『フォイエルバッハ論』を取り出してみました。やはり私にとっては、相変わらず理解できない文章が並んでいます。しかし、パラパラとめくってみて、文庫の巻末にあったある文章に目が止まりました。

「人間の本質は、個々に内在するいかなる抽象物でもない。人間の本質は、その現実性においては、社会的諸関係の総体である」（マルクス「フォイエルバッハについてのテーゼ・第六項」）

大学時代には、難解で意味の分からなかったこのテーゼが、「あ、私のことだ」と、急に親しみをもって迫ってきました。

　このマルクスのテーゼは、人間の本質というものは、人間個体の内面に抽象的・観念的に存在するのではなく、その人間が生まれてから関わる無数の人々とのさまざまな関係によってできあがるものだと述べています。いいかえるなら、社会的かかわり、他の人間とのかかわりが豊富になればなるほど、その人の人間的有り様が豊かになるということでしょう。家族、友人、隣近所、住んでいる街、毎日の買い物、学校、職場、社会、東京、日本、世界、衣食住、テレビ、新聞、本、手紙、メール、インターネット、政治、経済、文化、あらゆる人間的社会的諸関係の広がり、そこへの積極的なかかわり、そのなかにこそ「私」の人間としての存在があるということなのでしょうか。

　私は、「燃え尽き」状態から、コラムを書くまでの約十年間、アイルランドの旅をきっかけに、少しずつ「私」を取り戻してきました。その大きな力になったのは、振り返ってみると、この十年間、日本でも世界でも、限りないたくさんの出会いと体験を意識的にし、出会った一人一人との人間関係や体験を大切に積み上げてきたことでした。

「私」という人間は、抽象的に自分の心のなかのどこかに存在するのではない。「私」という人間は、豊富な社会的、人間的かかわりそのものに、現実として存在するということが分かってきました。その人間的かかわりのなかにこそ、「横井久美子」も存在しているのです。それが「ただの私」なのです。そうして分かってしまえば「ナーンダ」ということなのに、それに気づくのに、私は十年かかりました。しかし、これは私が特別な人間だから持った悩みではありません。現代社会は、こうした私のようなバーンアウト（燃え尽き）や、引きこもりやうつという病弊をあわせもっている社会です。もちろん、だれもがそうした「病」になるわけではないし、潔癖すぎたり、完璧を求めすぎたり、人によって個人差はあるでしょう。しかし、社会とのかかわりを避け、自らの殻に閉じこもってしまう人がなんと多いことでしょう。それは、現代社会が、人間を人間として大切にしない、効率化優先の社会になっているからだと思います。

しかし、すべてを社会のせいにもできません。私自身を振り返ってみても、自分が変わることが、社会的発言をする力になりました。そして、社会的発言をすることが、自分を変えていくことにもなりました。つまり、自分を変えることと、社会を変えることは、一体になっているのです。自らの殻を打ち破る力は、社会的なつながりのなかで、私自身を客体化する過程のなかにあったのです。『ただの私に戻る旅』からはじまり、「本音のコラム」を終えるなかで私が一番感じたことはこのことでした。

「ゴールデンエイジ」を前にして

ギリシャの内陸部、パルナソス山の麓に、アポロンの神託がなされたデルフォイの神殿があり、その神殿の参道に、有名なソクラテスの「汝自身を知れ！」という言葉が刻まれていたそうです。古代ギリシャ哲学の祖ソクラテスは、人間というものがいかに「無知」なものであるか、それを出発点にして、論理を展開し、いかにして人間的な知や徳を獲得するかを説いたといいます。

私が求めつづけた「『ただの私』とは何か」という問題は、古今東西の人間の普遍的なテーマだったのです。一般的に自己愛があり、自分中心に考えることは、人間の常で決して悪いことではないかもしれません。何故ならそうした自己愛があってこそ、人は、自らを向上心へと導いていくからです。私の二十代、三十代はそうしてキャリアを積んできたように思います。しかし、一方、自分の考えは、その人の育った環境や知識の範囲内を超えることができないのも当然でしょう。ソクラテスの言葉は、私たちに「無知」であることを絶えず認識し、そこから出発し、思考せよと教えているのです。

＊

『ただの私に戻る旅』以降、私は、各地のコンサートで、「女の人生は五十歳から」「五十歳からは前途洋々」と言ってきました。四十代後半は、ずっと立ち止まったままで、五十代に入って、三十周年記念コンサートをはじめ、いろんな出会いと体験のなかで充実した人生を一日一日、一年一年送っていたからです。しかし、そろそろ私の五十代も終わりに近づいてきました。振り返ってみると、この十年間の「私への旅」は、次に迎える六十代への序奏であったように思います。そして、六十代は「ゴールデンエイジ」になる予感がします。

それは、五十代で学んだように、「無知」であることを自覚し、たくさんの人と出会い、社会的なかかわりを広げ、そのことによって、さらに豊かな人間になる道がはっきり分かったからです。

「音楽の役目は人を幸福にすることだ」と、優れた音楽家はいいます。自分に不信を抱いている人は、他人にも不信を抱いてしまいます。自分に不信を抱いて、自分の殻に閉じこもり、社会とのかかわりを避けていて、人を幸福にする音楽など奏でることはできません。

しかし、涙も苦悩も、すべては良きことのためにあります。「燃え尽きた」私があって、今の私があります。

年を重ねて生きてこそ得られる「ゴールデンエイジ」を前にして、いま私は、改めて音楽家として

の役目を果たせそうな気がしています。「ゆるゆるふっくり」と。

（『ゆるゆるふっくり』「まえがきにかえて」等／２００２年10月）

歌を離れ、アイルランド自転車一人旅

捨てる旅で拾ったもの

名古屋の仕事先に、東京のテレビ局から、短いテレビ番組への出演依頼があった。最近出した本のことがある雑誌に紹介されたからで、電話は男性のディレクターだった。

「この記事を読むと横井さんはもう離婚したんですよね」

「？」

「離婚したから男の人にもてるようになったのですか？」

「何にそう書いてあるのですか？」

「えーと、これはどの雑誌のコピーかな」

「まだ離婚してませんけど……」

「ああそうか、新しい関係を模索中ってありますね」

昨年（一九九五年）秋、『ただの私に戻る旅——自転車でゆくアイルランド・私の愛した街』という本を出版した。

数年前、オーケストラをバックに歌手生活二十周年コンサートを終えた後、燃え尽きてしまったよ

うな状態になった。二十年も歌ってきているのに、自分の望むステージができなかったと思ったのが原因であった。私の二十年とは何だったのか。報われないと思った。急に空しくなった。年も取った。もう誰からも必要とされない人間になってしまった。枯れ木になってしまったと、鬱《うつ》状態が一年以上続いた。

でもこのまま朽ち果てたくなかった。何かしなければ。それは何だろう。それは、きっと私を捨てること。二千ステージ以上歌ってきた歌手の自分、二人の子供を歌いながら立派に育てた母親の自分、妻として生きてきた自分、長年音楽事務所を維持してきた自分。私を苦しめているのは、そういうプライドだと思った。私にまとわりついたプライドを誰も知らない荒野に放っぽりだしたかった。たくさんの人に守られ、ぬくぬくとした生活をしながら、なお心が朽ちてゆくと嘆く自分を捨てたかった。

私は単身アイルランドへ出かけた。コンサートから一年以上が経っていた。首都ダブリンで自転車を借り、地図だけを頼りに、西の端にあるゴルウェーをめざして走った。時速十キロ。疲れたら日本の民宿のようなB&Bを探して泊まった。自転車には六段切り替えの変速ギヤが付いていたが、使い方がわからなかった。質問する英語力もなかった。坂道は自転車をひいて歩いた。昼は肉体を酷使し、夜は過ぎていった日々を思った。声に悩んだこと。子育てのこと。夫と過ごした二十五年のこと。ダブリンからゴルウェーまで二百十九キロ。一週間かかった。さらに西にあるアラン島にわたった。ケルト文化が残るイニシモア島、イニシマン島に滞在し、再びダブリンへ戻った。

この旅をとおして私は「ただの私に戻る」ことができた。アイルランドの大自然に癒され、年齢からも国籍からも職業からも自由になり、あるがままの自分を取り戻した。ヨーロッパの最西端にある荒涼としたイニシマン島で、心細さに涙し、はるか遠くの日本を思った。たくさんの人と出会い、はかない恋をし、「わずかな友と自然と歌」さえあれば生きていける自分を発見した。四年前、四十七歳の夏だった。

この本は出版と同時に各誌紙で紹介された。ある雑誌のインタビューで「ただの私に戻った」後のことを聞かれて語った。その記事が最初の会話になったのだ。

夫にあてた手紙

アイルランドへ旅をした後、新しい年にむけて夫に手紙を書いた。別れの手紙であり独立宣言だった。夫は二歳年上で、大学時代に出会い、無口で優しい人だったが、家庭的ではなかった。私は家父長的な家庭に育ち、良妻の意識を刷り込まれていた。この際、口では言えなかった不満を全部書こうと思った。この二十年余、夕食を一緒にとったことは数えるほどしかなかった。掃除も洗濯もごみ捨てもしなかった。家計の心配もしなかった等々、恨みつらみはいっぱいあった。

「新しい年がはじまりました。この五月で私は五十代に入ります。音楽高校、音楽大学とずっと音楽一筋に生きてきて、縁あって貴方と結婚しました。子供が生まれ、歌いたいという気持ちと、家事育児の間で揺れ動きながら、この二十五年精一杯生きてきました」

書きはじめたら意外と冷静だった。

「いよいよこの春、A子も、うまくいけば大学生です。A子が北海道の大学を受けるという状況の中で、私の中に新しい選択の道が開けました。それぞれが一人暮らしをしてみたらどうだろうと。私たちはそれぞれの道を走りつづけ、いつのまにか見る風景も、美しいと思う空の色も違ってしまいました」

上の息子はすでに下宿をしていた。娘の希望を聞いたとき、私は二人の子供がいなくなる淋しさより、自分の未来が開ける喜びが湧いてきた。これからは好きなことを好きなだけしていいのだと。歌いながら子育てしてきた今までの人生に悔いはない。しかし、人生の最後は、自分の音楽に集中して終わりたいと思った。

「私はステージシンガーとしてきちんとしたステージができるのは、肉体的には六十歳までの十年間だと考えています。この十年間を私は、私以外の洗濯も食事の用意も後片付けも掃除も考えず、歌をうたうということで完結させたいと思います。私の人生の中で初めて自分だけのために時間を使うことができるチャンスに恵まれたのです」

夫は五十一歳。生活の自立を身につけるにはぎりぎりの年齢だ。夫に提案できるのは今しかない。

「貴方とは今後とも、(子供たちの）父親として人生の三分の一を共に過ごした男性として付き合っていきたいと思います。離婚という形式をとるかどうかは、すぐでもいいような、またもう少し時間が必要な気もします。今後の私たちの人間関係を決めるのはひとえにコミュニケーションによります。それがあまりにもなさすぎましたから」

いいお父さんとお母さんの役が終わったとき、いい男と女の関係がなかったら一緒に住む必然性はどこにあるのだろう。離婚するかどうかより、まずお互いが自立した男と女の関係になりたかった。

書いているうちに夫への感謝の気持ちも湧いてきた。

「充実した五十代を迎えようという私の意欲の土台になっているのが、立派に育ってくれた子供たちです。病気だったり問題があったりしたら、たとえ一人暮らしをしたくてもできるものではありません。これには貴方に心から感謝します。子供を幼いときから一人の人格として認め、けっして手を上げたり、声を荒らげたりしなかった貴方の人格によるところが大きいと思うからです」

大晦日から書き始めた手紙は、年を越して書き終わった。

「新しい年を迎え、今までの関係を終了し、充実した後半戦の出発を決意して」

と最後に記し、その手紙を夫の机の上に置いた。そのあと自転車に乗って真夜中の町へ出た。初詣でには早すぎるシンとした真っ暗な町を自転車で飛ばした。冷たい風が頬にあたる。壮快だった。積年の思いを吐露することができた解放感があった。新しい年に、新しい自分がはじまる予感がした。

三日後、夫からの手紙が私の机の上にのっていた。

「いろいろ考えてみたが、結局二人の人生は、いわば二つの放射線が、あるときまでは急速に接近し、交差したが、その後は急速に離れて、後戻りできない異なった軌道を走っているということなのだろう。いずれにせよ、ここいらで再出発してみることが必要かもしれない。その上であらためて新しい関係が可能なのか、それとも明確に一つのピリオドを打つか、もう少し時間をかけて考えてみよう」

とあった。

いい関係を模索中
「ただの私に戻る旅」をした後、私は独りになることを恐れなくなった。結婚も子育ても仕事も、すべてが独りで生きていくための、いいかえれば独りで死んでいくための学びの時間だったように思ったのだ。私は若いころから、ぼんやりしていると人が私のなかに土足で踏み込み、私を取り込んでしまう恐ろしさを感じていた。だから人を恐れ、自分をかたくなに守ってきた。夫の前でさえも……。私は人を恐れていたのではなく、独りになれない自分を恐れていたのだ。一人になることができなければ、二人でも生きていけない。人を愛し大切にできるのは、独りでいられるからだ。私は私を手に入れるのに五十年近くかかったのだ。

現在私は、夫と一緒に住んでいる。けれど夫に手紙を出した段階で、私たちは「離婚」したと思っている。だから夫のためには掃除も洗濯もしない。どこに泊まり、何時に帰るのかも告げない。仕事をしはじめたらそのまま続ける。食事は偶然二人のときは私が作る。夫が作ってくれるにはまだまだ時間がかかりそうだ。私は夫の前では不機嫌そうにして、夫は相変わらず黙っている。他人から見たら不思議だけれど、二人の関係は以前より気楽でのびのびしている。私たちは、どれくらい時間をかけたら、夫と妻ではなく、いい男といい女の関係になれるかと模索中だ。

二人のこの関係は、四十代の後半ひどい落ち込みをし、本気で充実した後半戦を送るために、夫と別離を考え正面からぶつかって開けた新しい道だ。

「このまま人生の／幕は引けないと／風が私にささやいたのよ／いつでも今が／人生のはじまりと／風が涙を／さらっていったわ」(『人生のはじまり』)という離婚した女性の歌をつくったのは、四十代のはじめだった。でも私にとっては、五十歳こそ人生のはじまりである。五十歳は仕切り直しの年。女の人生は五十歳からと。

(『婦人公論』１９９６年４月号)

アイルランド留学日記

①〝私の愛した街〟へ

晴れわたったアイルランド西部のシャノン空港に着いた。いよいよこれからリマリック大学での半年間の留学生活が始まる。前半は自費で、後半は文化庁派遣芸術家在外研修員として。

今まで、三十回近く海外へ出かけた。でも旅をすればする程、旅ではなく、その土地で暮らすという経験がしてみたかった。しかし、海外で長期に滞在するには資金が必要。何か奨学金がないかと、始めたばかりのインターネットを使って調べた。文化庁が音楽、演劇、美術、写真などの研修員を公募していることが判明したけれど、かなりの狭き門。一年間の音楽留学の年齢制限は四十五歳まで。年齢制限なしの音楽の枠はたったの三名。文化庁がさす音楽というのはクラシック音楽だから、音大を卒業したとはいえ、クラシック音楽からドロップアウトした私のジャンルが果たして審査の対象になるかどうか。でもダメでもともとと、挑戦した。心の奥底で「クラシックの音楽家も素晴らしいけれど、大衆的接点をたくさん持っている私に税金を使ってョ。その方がより税金を有効利用できると思うけど……」と密かに思っていた。書類審査、テープ審査、面接と進み、いくつかの幸運が重なり、何と合格した。

選んだ国はアイルランドだった。ヨーロッパ文明の祖とされるケルト民族の末裔《まつえい》たちが多く住む国。民族音楽、伝統音楽、西洋音楽がクロスオーバーしている国。イングランドの八百年にわたる植民地下、血塗られた宗教紛争が今まさに終結しようとしている国。

一九八八年に初めて訪れてから今回で六度目になる。九一年には自転車でアイルランドを横断して、一度失いかけた自分を癒し、等身大の自分を発見する旅をした。音楽的にも『ロンドンデリーエアー』『庭の千草』をはじめとして、日本と関わりが深い。そして何よりも、二十年以上歌ってきた『私の愛した街』の国であった。

一年前の応募時、私はこの審査に年齢制限があることに「文化庁はなんて時代遅れなのかしら、中年期以降こそ、こういう制度は必要なのに！」と憤慨していた。けれど出発の段になって、私の目は急に見えなくなり、耳鳴りも始まり、急激に体力の低下を自覚した。私は、狼狽し、急にしおらしくなった。そして「やはり年齢制限もやむを得ないかア」と、不安を胸に日本を出発したのであった。今や必需品の老眼鏡を携えて。

②最初の危機

留学前半の主目的は、リマリック大学で十二日間にわたって行われる第二回Ｂｌａｓ「アイリッシュダンスと音楽のためのサマースクール」に参加することであった。

受付会場になったホールに行くとギター、バイオリン、ブズーキー、バウロン（アイリッシュドラム）等、楽器を持った人たちが集まっていた。現在のアイルランド音楽の世界的関心を示すようにアイルランドはもとより、アメリカ、イングランド、フランス、スイス、デンマークと参加者はおよそ四十人。日本人は五名。そのうち二名の若い女性は、昨年（一九九七年）も参加し、アイルランドに住みながら音楽の勉強をしているという。プログラムは、全員が参加する一日二回の講義と、数人ずつ分かれて受ける二回のワークショップ、ランチタイムコンサート、イブニングセッション。朝九時半から夜遅くまで毎日続くハードスケジュールである。

サマースクール初体験の私にとって最初の危機は、初日の午前から始まった。講義が聞き取れないのは覚悟していたものの、参加したギターのワークショップで、先生の話す英語が分からない。アイリッシュギターの奏法の特徴をギターを弾きながら説明してくれるのだけれど、全く理解できない。

そのうえ前夜、私は語学学校の生徒たちとディスコに行って、何十年ぶりかで踊り、汗をかき風邪をひいたらしく、自業自得なのだが体調が悪い。他の参加者は奏法について次々と質問してゆく。みんな凄いプレーヤーのように見える。私はとてもついてゆけない。旅行英語が出来るくらいで、専門用語が飛び交うこういう場に参加したことが無謀だったのだ。もう居たたまれず一大決心をして、午後はエスケープし、宿舎である学生寮に帰って寝ることにした。

日本から持ってきたレトルトのお粥を食べ、うがいを繰り返し、タオルを額に当てながら、初日からこの有様では、これからの十二日間どうなるのか、これからでも起きて参加しようか、いやまず体調を整えるのが第一だと、挫折感でいっぱいの私は、長い長い午後と夜を過ごしたのだった。

翌朝、かなり体調がよくなった私は、それでももうギターのクラスに出る意欲は失ったまま朝の講義に出た。ここで私は、吸い寄せられるような魅力的な先生と運命的な出会いをしたのだ。

③ノイリンのオーラ

朝の講義は地下の階段教室で始まった、と同時に階段の後ろから、ある音色と共に美しい声が響いてきた。黒皮のジャケットとミニスカートの美しい女性が、歌いながら階段を降りてきた。オルガンのような単音が彼女のまわりから響いてくるけれど、小さな箱を抱えているだけで、楽器らしきものは見当らない。曲の終りと共に私たちの正面に現われたのがノイリン・ニ・リアインだった。吸い寄せられるような魅力を持つ女性で、講義の間中オーラみたいなものが教室に溢れ、今こうしてここに存在している幸せを感じさせた。それは昨年（一九九七年）東京で聴いた、アイルランドの詩人シェーマス・ヒーニー（一九九五年度ノーベル文学賞受賞）の講演から受けた印象とよく似ていた。私は講義が終わるとすぐ彼女のもとに行き、「私は英語がほとんど出来ないし、風邪をひいて声も出ませんが、今日のあなたのワークショップに出てもいいですか?」と聞いた。

ノイリンのワークショップの参加者は、プロ・セミプロ・学生（試験を受ければ単位を取得）の八名で、Ｂｌａｓ（サマースクール）全体を通してそうだったが、彼女も楽譜はほとんど使わず、口移しで、ケルト語の歌・子守り唄・旧い聖歌を教えてくれた。そして初回の箱とはまた別の見たこともない楽器をいくつも持参し、ある時は手をつなぎ、ある時は床に座り込んで歌い、各自が自国の歌を紹介し、ランチタイムコンサートには皆で出演し、習ったばかりの歌を披露した。

私は歌を通してこんなにも温かく全員参加ができる方法を彼女が持っていることに感動し、また彼女の音色や方法の中に民族音楽・大衆音楽・西洋音楽がミックスされて存在していることを発見して興奮した。そして最後にワークショップで、ノイリンが、貴方たちに出会えて良かったというような歌を歌った時、私は留学後半期にも彼女から歌を習おうと決意し、快諾を得た。こうしてノイリンの二日間のワークショップは初日の悲惨さを一気に吹き飛ばし、その後のＢｌａｓの日程を楽しいものに変えてしまった。

後日、レコード店で私はノイリンのＣＤをいくつも見つけ、彼女がグレゴリオ聖歌の専門家であり、国内はもとより国連の親善大使としてボスニアをはじめ世界各地で歌っていることを知り、あの温かいオーラの源を知ったのだった。

④古都の大フィナーレ

朝八時、「ピンポーン」と私の住む地下室のベルがなる。今日は土曜日。毎週恒例の土曜朝市に行く大家のショーンからの合図だ。ショーンの車に乗りこみ、五分程先の「ミルクマーケット」に向かう。

一八三〇年にコーンやミルクの取り引きのために建てられたこのマーケットは、その当時の石づくりの塀が残っていて、靴や下着や植木やパンや工事道具や、何から何まで売っていて大にぎわい。こんなもの買う人いるの？　と呆れるようなガラクタまで売っている。

このマーケットで私は一週間分の卵と野菜を買う。八百円ぐらいでものすごい量が買え、野菜に関しては日本の五分の一ぐらいの値段に感じる。ただしこの国の消費税は二一％で、衣料品などは、安いものは質が悪く、良い製品は日本と値段に大差はない。

ショーンが会う人ごとに「わが家の地下室に住むことになったクミコ、中国人ではなくて日本人」と私を紹介する。ショーンはアンティーク狂で、今住んでいる家も、リマリックのガイドブックに出てくる。一八三一年に、エドモンド・ペリーによって建てられたジョージアン建築の一角で、地下一階、地上四階、家には二百年近くも前のピアノが三台もある。

彼は、ジョージア調家具の収集家だけれど、中国の壺やお皿にも目がなく、中国の文化に異常な関心と畏敬の念を持っている。だから、私が中国人ではないのがとても残念なのだ。

予定通りの行動ではあったが、私はホームステイも学生寮もユースホステルも格安ホテルも体験しようと、日本を出てから二カ月間住居を転々とし、アイルランドに来て六カ所目にしてやっと、新聞広告をみてショーンの地下室に落ち着いた。

アイルランド第四の都市リマリックは、九世紀に侵攻してきたヴァイキングによって開かれた歴史と伝統の美しい街で、街なかを、アイルランド最大の雄大なシャノン川が流れている。アメリカへの玄関口シャノン空港にも近く、ゴルウェーと並んでアイルランド西部を代表する都市である。といっても百万都市の首都ダブリンと比べたら、人口八万人のリマリックは急に小さくなり、だから街の中心に住んでいても、映画館も劇場も教会もお城も、もちろんパブもデパートも、歩いて十分程の所に全部あってとても暮らしやすい。そのうえ、私の住むすぐ隣には一八二九年に建てられた「ピープルズパーク」があり、芝生の緑が美しい。

昨年（一九九七年）はリマリック市政八百年祭だった。リマリックはダブリンよりもロンドンよりも早く一一九七年に「自治憲章」を得た街という。

この小さな古都リマリックに、北アイルランドの和平合意の更なる促進のために九月五日クリントン大統領が立ち寄った。一九六三年、当時のケネディ大統領が来て以来の大事件で、この街は大フィーバー。両大統領ともアイルランドにルーツを持ち、クリントン大統領がこの小さな街で演説するのは、もちろんアメリカにいる四千万人ものアイリッシュ・アメリカンの票を思えばのことである。

セレモニーは街の目抜き通りで行われ、厳重なセキュリティチェックを受けて進んでいくと、あのノイリンの歌声が響いてきた。今日のセレモニーで彼女も歌うのだ。近くに報道陣席があり、記者がスキャンダルまみれのクリントン批判を市民に言わせようとするのだけれど、ダメ。特にここに集まっている人にはものすごい人気。

何と言ってもここはアイルランド、彼は同じ血が流れている同胞なのだ。大統領到着を待つ二時間半、アイリッシュミュージックが次から次へと演奏され、雨に濡れながら人々も一緒に歌う。ビルの屋上のあちこちには銃を構えた機動隊が並び、上空にはヘリコプターが飛び、ＣＩＡらしき人々が鋭い目を光らせ、さながら映画の一シーンのようだ。群衆をかき分けかき分け、やっとクリントンとヒラリーを十メートルの近さで見ることに成功した私は、冷たい雨と寒さに震えながらも、熱狂した人人に囲まれ、「世界一注目を浴びている男」の演説を聞いたのだった。

⑤パブと教会

私の借りている部屋は半地下とはいえ、パティオ（内庭）があるせいか、大きな窓から部屋の中程まで太陽が入る。窓に向かう机からは移り変わる空が見え、赤いレンガの塀が続き、その先にはいつのまにか葉を落とした洋梨の木が見える。表通りから一本入っただけなのに、静かだ。

静寂さを破るように教会の鐘が鳴る。今日は日曜日。働き者の便利な国からきた日本人には考えられない程、日曜日は全てが動かず、町中がひっそりとしてしまう。商店やデパートはもちろん、駅のバス券売り場も閉じ、私も午前中は掃除機や洗濯機を使わない。

若い人はほとんど教会に行かないと聞いたけれど、最初のホームステイ先も今の家も一家揃って教会に行く。教会は日本のコンビニエンスストアぐらい多く、礼拝に来るたくさんの人をみると、やはりここは世界最強のカソリック国だと思ってしまう。テレビでも毎週お昼の礼拝の中継番組がある。「日曜日は特別な日なのよ」と大家の奥さんジョセフィンがアイリッシュ・ディナーに招待してくれた。一般的にアイリッシュは主食のポテトを一人一日十数個食べると言われるけれど、彼女はポテトが嫌い。三階のキッチンに上がってゆくと、彼女がいつもより豪華な夕食の用意をしながら、同時にアップルタルトを小麦粉から作ってゆく。こちらの主婦の特徴は、料理をしながら手際よく片付けてゆくこと。お皿も一つで済ます。ほとんどの家庭が食器洗い機を完備し、調理台は電気。

彼女の本職はピアノの先生で三十人もの生徒を教え、その合間に健康飲料の販売もし、夏には数十人の留学生のコーディネイトもする働き者。測量技師でアンティーク狂の夫のショーンが掃除、ゴミ捨て、買い物、家の補修をし、彼女は夫から「ボス」と呼ばれ、家族の上に君臨している。ワインを飲みながらいい気持ちで食事をしていると、ショーンが「離婚時間」という口論がはじまる。私が気にして「もう下に帰る」と言うと、二人とも「いいのよ。これがアイルランドなの」と私を引き止め、人がいようとかまわず口論（討論？）は続く。

アイルランドでは昨年（一九九七年）やっと離婚法が成立し、四年別居していたら離婚が可能になる。妊娠中絶は認められていない。マリア信仰のせいか、女性、特に母親の存在はとても大きい。

私の最初にステイした家庭は専業主婦であったけれど、朝食は夫が作り、職場に行く前にゴミを捨てていた（ゴミ収集は週一回、ビンだけ分別）。こういう家庭をみる限り、アイルランドでは夫婦が対等で共同運営がうまくいっているのかも知れないが、私たちの世代からみれば夫はしもべの如く働くように感じる。羨ましい国だ。

毎週子どもと一緒に教会に行き、聖歌を歌い、献金をし、説教を批判しながらも聞き、夜はパブで飲んだくれていても、昼は跪《ひざまず》き祈ることが、計り知れない程この国の精神文化の核となっていることが、無神論者の私でも推察できる。

道を歩いていても見知らぬ人から「ハロー、お元気？」とニコッとされ、バスに乗ってもスーパーのレジでも「サンクス」と言い合い、デパートでも大学でもドアは、次の人が近ければ手で開けて待っている。女性、老人にはまず譲り、先を争って乗り込むという光景はない（ゴミはなぜか簡単に公共の場に捨てるけれど）。

そして、この国のもう一つの文化、教会以上に無数にあるパブの存在。昼と夜、静と騒、祈りと会話、聖歌とアイリッシュ・ミュージック。違いはあっても「集う」という共通点が興味深い。アイルランドに住んで五カ月、「アイルランド」を解く鍵は、やはりこのあたりにありそうに思う。

⑥やっと戸口に

いよいよ半年間の留学も終わりに近づいた。帰国を十日後に控えた週末の三日間、私はリマリックの南西、バスで三時間の距離にあるクールエーという地域に出かけた。この半年間で初めてリマリックを離れる旅だった。

クールエー。そこはアイルランドの中で、今も点在するゲールタハト（住民の八割以上がゲール語を日常語としている地域）であり、アイルランド伝統音楽の父と言われるショーン・オ・リアダが生活し、活躍した場所であった。そこで無伴奏、フリーリズム、ゲール語で歌われる高度な芸術様式を持つ「シャーン・ノス・シンギング」のセミナーが開催されるのである。

ゲールタハトはどこでも辺境にあると聞いていたが、ここクールエーも日曜日はバスが一本しかない。

　大学で手に入れたパンフレットを頼りに、受付場所である小学校の小さな講堂へ行くと誰もいない。私が時間を午前と午後と間違えたのだ。パンフレットにはゲール語のわきに英語も書いてあったけれど、どうも見分けがつかない。

　あたりを歩き回り、今夜泊まるB＆B（朝食付きホテル）をやっと探し、再度講堂へ出かけると、すでに百人ぐらいの人たちが集まっていた。年齢層は子どもから高齢者まで幅広い。今夜は前夜祭で、明日はアイルランド中の伝統音楽の音楽家が集まる大コンサート。挨拶があった後、地元の人たちがつぎつぎと歌いはじめた。日本の馬子歌《まごうた》みたいなのんびりした歌が何番も続く。子供どうしの掛け合いの歌もあった。

　シャーン・ノス（古い形式）はハープと並びアイルランドを代表する口承による伝統に根ざした音楽様式で、その源は中世の吟遊詩人の詩歌にまでさかのぼるといわれ、二十番もの長い歌を変化をつけて歌うには歌手の高度な、微妙な技術が必要とされる。

　とはいえ、歌っているのはいわゆるプロの歌手ではなくここで暮らす人たちである。ゲール語で歌われるシャーン・ノスは八百年にわたる英国の英語による植民地化によって致命的な影響を受け、現在学校教育の中でゲール語が取り入れられているとはいえ、日常語としてのゲール語の将来、ひいてはシャーン・ノスの将来も危ぶまれていると聞く。

　それでもアイルランドは今なお口承で伝えられる音楽の伝統がヨーロッパのなかでもひときわ強く生き続け、〝ぬくもりのある音楽的雰囲気〟が他のジャンルで活躍する多くの音楽家に影響を与えているといわれるが、その場面を、私は最終日三日目に体験した。

プログラムに「台所での午後の歌」とあったので何かと思って会場へ行ったら、本当にそこはパブの台所であった。そこに立すいの余地のないほど人が入り、次から次へと参加者がソロで歌っていく。

シャーン・ノスは声を張り上げないから盛り上がるということもなく、歌われる物語に、時々声を合わせたりかけ声が出たりする程度で、皆耳を傾け静かに聞いている。表のパブは器楽演奏や話し声で騒がしいのだけれど、台所は静寂な雰囲気に満ちていた。誰もが歌手の物語る世界に共感し、共有できる幸せを感じている様子だった。

全てが終了し、二十分もかかるＢ＆Ｂへの帰り道、夜道を一人歩きながら思った。私はこの三日間、シャーン・ノスの様式やそれを支えている土地や人びとに強い印象を受けた。けれど私はやっと戸口に立ったに過ぎない。あのぬくもりの持つ意味をもっと知りたい。アイルランドにきて六カ月、私はまた新たなスタート台に立ったのだと。

帰ったらＢ＆Ｂにバスタブ付きのお風呂があるのを発見した。その夜、私はアイルランドにきて初めて浴槽に身を沈めることができたのだった。


（『婦人通信』１９９８年９月号〜１９９９年２月号）

アパルトヘイトの傷深し
――南アフリカ喜望峰で歌う

昨年（二〇〇八年）暮れ、ケープタウン在住の日本女性から電話があり、今年八月九日の「ナガサキデー音楽会」で歌うことを依頼された。ケープタウン交響楽団が『オラトリオ・ナガサキ』という作品を演奏し、被爆者を悼むという音楽会であったが、突然主役のピアニストが怪我をし、一年延期になった。しかし、私はすでに友人たちと南アフリカ行きを決めていたので、八月南アフリカを訪れた。

ケープタウン空港に出迎えてくれたのは、一九九六年、じん肺弁護団と訪れた時と同じ白人のガイドのジャッキーさんだった。早速小型バスでホテルに向かう。

南アフリカでは、来年六月のワールドカップに向けて道路がアチコチで掘り返され、建設工事が急ピッチで進んでいる。旧いスタジアムが壊され、低賃金の労働者によって、何兆円もかけて新スタジアムが建設されている。国を挙げてのワールドカップ成功のため、エイズ遺児の施設や黒人の住宅建設の予算は削減され、「金持ちがより金持ちになるためのワールドカップだ」と反対運動も起きていた。

＊

南アフリカは九四年、アパルトヘイト（人種隔離政策）が撤廃され、黒人大統領の政権が誕生して十五年が経つ。

各地を案内してもらう中で、ジャッキーさんがふともらした。「私たち白人は、今は逆差別ですよ」。黒人政権下では、各職場に必ず七五％の黒人を入れなくてはならず、息子は大学を出ても働く場所がないという。しかし、「そんなの当たり前でしょ」という私たちの雰囲気からあわてて、「まぁ私たちが過去黒人にしてきたことからすれば仕方がないのですが」と結ぶ。

年一・二％で増加する南アフリカの人口は現在五千万人。そのうち白人は九・六％。アパルトヘイトに疑問を持たなかった少数白人は、ジャッキーさんが語るように、「黒人の暴力の親玉（マンデラ）が刑務所から出てきて大統領になり、黒人政権ができて私たち白人はどんな仕返しをされるか恐ろしかった」のかもしれない。

しかし、黒人が一人一票の政治的平等を勝ち得た今も、教育を受ける権利を奪われてきた黒人にとって社会的不平等は続いている。いみじくもジャッキーさんが言うように、「日本語のガイドに七五％の黒人を入れろと言われても日本語が出来る人がいませんから、しばらく私の仕事は安泰です」。

アパルトヘイトの負の遺産は、いたるところで目にした。道路脇のズラリと並ぶスラムに住む黒人は、国が住宅を提供しても電気代が払えないので入居できず、電柱から電気を引いていた。レストランでも、黒人の姿は見当たらない。スーパーマーケットですら、店員は黒人でも、お客としての黒人は少なかった。一方、ジャッキーさんはじめ逆差別を口にする全人口の一〇％に満たない白人の家は、いまだにプール付きが当たり前だ。

そして、南アフリカは、世界最大のエイズ感染国。成人五人に一人がエイズに感染し、ＨＩＶ感染者は五百万人、一年間で四十万人が死亡している。すべてアパルトヘイトによる差別、貧困、無教育

ケープタウンの喜望峰で歌う（2009 年 8 月）

によるものだ。

＊

今回私は、ヨハネスブルグの「マンデラハウス」やケープ州の希望峰や繁華街のウォーターフロントなどで、居合わせた黒人グループと偶然一緒に歌う経験をした。日本人は、白人政権下では「名誉白人」だったので、私は心配したが、『アシンボナンガ』『マンデラ讃歌』など、彼らが知っている歌を歌いはじめると突然表情が変わり、一緒に歌って踊り出した。どこでもそうだった。しかし、今まで他国で歌った時の反応とはどこか少し違う印象を受けた。

他の国で、例えばアイルランドのデリーの街角では、『私の愛した街』を歌ったら中年の女性が駆け寄ってきて、「ここまできてこの歌を歌ってくれてありがとう」と抱きしめてキスをされた。ポーランドのクラコフの旧広場で『禁じられた歌』を歌った時は、年配の男性がジワジワ近寄ってきて目をうるませてジッと聞いていた。終わると、「私もナチと戦った」と語った。

南アフリカでは違った。他国よりその場は盛り上がったけれど、外国人がなぜこういう歌を知っているのか、そんな関心もあまりないように感じられた。南アフリカの前に行ったジンバブエやボツアナでは交流できたのに、南アフリカでは、なぜ私たちに話しかけてもこないのか。

黒人のなかでも特に南アフリカの黒人にとって歌は、なによりもまず彼らの深い苦しみから自身のソウル（魂）を慰め、救い、祈るためのものなのだろうか。黒人の音楽をソウルミュージック（魂の音楽）というが、その原点を垣間見たように思った。

大航海時代の十五世紀から、黒人は奴隷として扱われ、徹底した差別の対象になってきた。およそ五百年間、黒人は、教育の機会も与えられず、人間らしい尊厳を持って生きることが許されなかった。

南アフリカでは、その集大成として、二十世紀になるとアパルトヘイトがはじまった。黒人は「ホームランド」に閉じ込められ、外界との関わりを断絶させられてきた。彼らにとっての歌には、計り知れない深い背景や文化や歴史があることを私は教えられた。

＊

私たちは、八月九日、「ナガサキデー音楽会」の代わりに、ケープタウンの繁華街で核廃絶の国際署名活動をした。白人も黒人も快く署名をしてくれた。もちろんそこでも歌の輪ができたが、折り鶴が国と国、人と人とをつなぐ力になった。

南アフリカは核兵器廃絶では、新アジェンダ連合の牽引国でもある。負の遺産を抱えながらも、未来をみつめた平和への道は、黒人も白人も共通の願いであることを実感して、私たちは南アフリカを後にして帰国の途に着いた。

（『婦人通信』２００９年11月号）

ネパール 山峡の村の笑顔と歌声

ネパール・サチコール村の映像ドキュメンタリー『いのち燦《きら》めく村――村人総出でつくった音楽ホール』がやっと出来上がりました。

このドキュメンタリーを制作するきっかけは、二〇一一年、ネパールのヒマラヤを遠望する標高千四百㍍の山峡の村落、サチコール村でコンサートをしたことでした。

六十五世帯の村へ

その村には六十五世帯のマガール族の村人が住み、電気もガスも水道もなく、その村に辿り着くには、ポカラ空港から自動車やジープを五時間乗り継ぎ、最後は四時間歩かなくてはなりません。六十七歳（当時）の人生の中で四時間も続けて歩いた経験のない私は、最初はひるんだのですが、ネパールの山奥の子どもたちに生の歌を聴かせたいという依頼者（桜井ひろ子さん）の熱情に動かされのでした。

ヘトヘトになって辿り着いた私を迎えてくれた村人や子どもたちのまっすぐな黒い瞳や白い歯の光る笑顔。その歓迎ぶりに、私はこの胸をぎゅっとつかまれ、一瞬にしてこの村に魅了されました。

一回きりのつもりだったのに、翌年（二〇一二年）にはギターを四台持って行き、子どもたちに弾き

サチコール村の子どもたちにギターを教える著者（2014年9月23日）

方を教えました。ギターという未知なものに食いつくように学ぶ子どもたち、教えられたことを独り占めしないで互いに教え合う姿、自分にもできるんだというまっすぐな自己肯定感の強い子どもたちに接して、さらにこの村に惹きつけられていきました。

音楽ホール造り

その翌年（二〇一三年）は、子どもたちが音楽会もでき、練習もできる場として、村人たちがボランティアで村の高台にサンギート（音楽）ホールを造ってくれることになりました。もちろん車すら一台もない村で、百人ほど入る音楽ホールは「すべて人力で」造るのです。

この「すべて人力で」という建設過程を映像に撮りたいと思いました。

また、美しい大自然のなかで、野生人のようにイキイキした子どもたちの姿も撮りたいと思いま

民族楽器マーダルの取り合いをする子どもたち（2013 年 10 月 18 日）

した。自給自足の村で幼いころから働く子どもたち。貧しくても親から一人前の人間として大切にされ、自立心に満ちた誇り高い子どもたち。サチコール村の子どもたちのこの姿は、絶対に映像でなくては伝わらないと思ったからです。

その年の暮れ、ビデオカメラと大量のバッテリーを持ってサチコール村を訪れました。撮りたい場面が次々浮かんで、気分はもう名監督です。たった一週間の滞在でしたが、ホールの建築の過程は、ただ驚きと感謝の毎日でした。文明社会で生きる都会人の私たちは、人間が潜在的に持っている驚異的な能力をすっかり忘れているのではないでしょうか。そして、村人たちが石切り場から石を運び、ジャングルから木を伐採して運び、村人総出でサンギートホールを造ってくれる優しい心持ちへの感謝。

こうして二〇一四年三月、青い屋根、白い壁に輝く八角形のサンギートホールが完成しました。

村人総出で造り上げたサンギートホール（2014 年 9 月 23 日）

夢中で撮った村の暮らし

一四年九月、今度は一人で三週間、サチコール村に滞在して、ゆっくり子どもたちの姿を撮影しました。竹を切ってきて、自分の吹く笛を自分で作る子どもの姿。背丈より高い草を背負って働く子どもたち。サンギートホールで、ギターを弾き、太鼓を叩き、歌い、踊る、生命力あふれる子どもたち。こうした「いのち燦めく」姿を、夢中になって撮影しました。

ダウラギリなどのヒマラヤ連邦に抱かれたサチコール村の景色。美しい民族衣装を身に纏《まと》った明るく逞しい女たちが、笑い声をあげて石を運び材木を運ぶ姿。こうした村人たちの暮らしぶりも映しました。ネパール語はまったく分かりませんが、村の学校の英語が話せる先生が頼りでした。

満足のいくたくさんのシーンを撮影しましたが、撮った映像を作品（ＤＶＤ）にする前に、まず写真をいっぱい入れた本を先に出版することにしました。

『村人総出でつくった音楽ホール——幸せを呼ぶ秘境の地サチコール村』（二〇一六年三月、本の泉社発行）です。
その後、試行錯誤するなかで二〇一七年十二月、構想から四年かかってやっとドキュメンタリー作品が出来上りました。

幸せを呼ぶ村

ネパールは世界最貧国の一つです。しかし、サチコール村の子どもや村人たちのいのちは燦々《さんさん》と燦めいています。ネパールは二〇〇八年に王制からやっと民主共和国になった発展途上国ですが、サチコール村では、「密室政治」ではなく、村人の村人による村人のための政《まつりごと》が行われています。

二〇一五年、ネパールを襲った大地震の時には、サンギートホールは避難所になり、村民対抗バレーボール大会では宿泊所になり、村人の集会所としても利用されています。

サチコール村に行くようになって、私は心が健康になり幸せになりました。サチコール村はまさに「幸呼ぶ村」です。村人や子どもたちから贈られたこの幸せを、このドキュメンタリー映像で多くの方に伝えられたらと願っています。

（『女性のひろば』２０１８年２月号）

世界を旅して 出会って 歌って

①媼《おうな》ざかり

昨年（二〇一三年）から「横井久美子 媼ざかり・歌って愛して」というコンサートをはじめた。媼とは、翁《おきな》と対をなす言葉でいわゆる〝ばあさん〟である。こんな風に自分を年寄り扱いしなくても、という声もあったが、年寄りで結構！「媼ざかり」は、七十代を前にした私自身を励ますための造語である。

媼とは、年を重ねた女性が、優しく抱きしめながら温めるという意味があり、媼を使った単語に「煦《く》媼《う》」（優しく抱きしめながら育てる）の言葉がある。

つまり、「媼」とは、単なる「Old Women」ではなく、豊かな人生の知恵を次世代に伝える「Great Mother」のことである。

先日ある週刊誌が、ケネディ駐日大使のシワの目立つ化粧っけのない顔と、シワ一つない女優を比べて「あなたはどっち派？」と書いていた。

一時的にシワを隠してもシワがあることに変わりはない。どうせ無くならないものなら自然体がい

「媼ざかり・歌って愛して」コンサート（2013 年 12 月）

いと私は思う。人皆、平等に老いからは逃れられないのだ。年を重ねれば、誰もが容貌も体力も落ち「Old Women」になる。だからせめて「Great Mother」に近づきたいと思う。

年齢なんてどうでもいい！と拍車をかけたのは、三年前からネパールのサチコール村へ通うようになったことも大きい。

サチコール村は、ヒマラヤを背にした千四百㍍の岩場にあり、マガル族六十四家族五百名が肩を寄せ合うようにして自給自足をしている。電気も水道もガスもなく、ジープを下車してから四時間も歩かなければ辿り着けない村だ。カースト制度のあるネパールでは「権力を制する者は水を制す」。マガル族は、上へ上へと岩場に追いやられ井戸も掘れず、水は沢水を貯めたタンクまで汲みに行かねばならない。都会人にとっては、夜になると真っ暗になり、日々の水を汲みに行くことだけでも過酷な暮らしだと思ってしまう。

サチコール村で「百歳宣言」(2013 年 10 月)

しかし、サチコール村に足を踏み入れ、村人と暮らす体験をしてみると、我々の上っ面な「存在」のひ弱さが露呈する。それは、彼らがすべて人力で人間の能力を全稼働して暮らしていることに驚異するだけでなく、すべてを自然の流れと共に生きて「存在」し、そしていずれ「消滅」するという穏やかで過酷な自然の摂理の中で生きていたからだ。

三年前（二〇一一年）、はじめてサチコール村でコンサートをした時、私は八十年も前の母の花嫁衣装の赤い長襦袢を着て歌った。日本人は昔の人や物を大切にしているという文化を伝えようと思ったのだ。しかし、村人には通じなかった。ヒンズー教のサチコール村では、肉親が死ぬと衣類などその人に関するものは全部燃やし、一日中大泣きして嘆き悲しみ、翌日からはさっぱり忘れ去るのだそうだ。まさに「消滅」するいさぎよい死生観ではないか。

そんな精神的風土に触発されて、私は、サチコール村で「百歳宣言」をした。存在から消滅へ、ゼロになり、無になり、自然へ還る。私の人生もそれでよし！と思ったのだ。そして、個体としての生命は消滅しても自然は続く。だからこそ今の「存在」を、今日を精一杯生きることの意味を知ったように思う。

今でもサチコール村で年齢を聞かれると、「去年も百歳、今年も百歳、来年も百歳」と答える。「ウソーッ」という人もいるが、「日本人の百歳はあんなに若いのか？」と真剣に聞いてくる人もいるという。

西アフリカに、「一人の老人がなくなることは、一つの図書館がなくなるようなものだ」という言い伝えがあると聞く。高齢化社会に突入している日本では、年寄りであることで肩身が狭くなる情報が溢れている。しかし、百歳と公言していれば、現年齢は随分若く、なんでもできそうな気がしてくる。せめて「図書館」には及ばなくても「文庫」くらいの誇りを持って死ぬまで生きてゆきたいものだ。

②デイケアっ子

私の長女は日本とアメリカの大学を卒業後、米国の青年と結婚してワシントンDCで知的財産権の弁護士として働いている。その娘がワシントンで出産することになり、昨年（二〇一三年）、三カ月近くワシントンの娘の家に滞在した。

娘は、出産後も働くつもりで、妊娠四カ月から日本の保育所に相当する三つのデイケア（Daycare）に申し込んでいた。元気に生まれた赤ちゃんは健やかに育っていったが、デイケアからの返事はない。

私は、デイケアが決まらなければ、娘が仕事を辞めるという選択をするのかなあと心配した。

私には息子と娘がいる。私にとって「生きることは歌うこと」という想いが強くあって、二人とも無認可保育所に預けて演奏活動を続けてきた。私が歌い始めた七〇年代は女性が社会進出を果たした時代だった。しかし、働く母親が増えたとはいえ、夜、家に母親がいない家庭というのは稀だった。娘は口には出さなかったが、「お母さんは私たちを保育所に預け、好きなことをしている」という不満がずっとあったように思う。

娘が小学生のころ「今夜はお母さんがいなくて、夕食はこれだけ」と近所の人に言うのを聞いて、息子が「家の恥になるようなことを言うんじゃない。お母さんが可哀そうじゃないか」と言ったそうだ。わが家だけかもしれないが、往々にして息子は母親に優しく娘は母親に厳しい。だから赤ちゃんを世

幼いころの長女と

話する幸せそうな娘の様子を見て、子どものころ淋しい想いをしたので、自分の手で育てたいと言うのかなと思ったのである。しかし、そんな私の心配は杞憂だった。娘は仕事を続けるためネットでデイケアを探し続けた。

ウーマンリブ発祥の地アメリカは、こと保育制度に関しては驚くほど未成熟な国だ。日本のように保育は福祉と見なされておらず、育児は私事という考えがこの国にはある。完全な民間のサービス業だから、お金がものを言う保育でもある。六歳未満の子どもを持つ母親の約六〇％が働いているのに、保育に対する公的補助はほとんどなくて、法律で決められた産休制度もない。だから、私立のデイケアの保育料は非常に高い。また、集団保育が前提の日本と違って、親の育児方針や仕事の都合や財政事情により通園方法も様々で、短時間のパート園児までいるのにはビックリした。日本でも待機児童をなくすという名目で保育のサービス業化が報道されているが、保育の規制緩和政策は、日本の保育制度を根本から揺るがして米国化しかねない。

そんな保育事情の中で、娘はやっとパキスタン人の女性が世話をしてくれる小さなデイケアを見つけた。三カ月後、帰国する私に新米ママの娘は空港で「ありがとう」と涙ぐんだ。これから育てる大変さを思ったのだろう。私は、「放っておいても、あなたのようにこんなにいい娘に育つんだから、あまり心配しないで」と励まして帰国した。

先日、娘が生後七カ月になった孫を連れてワシントンDCから里帰りした。日本企業の知財関係のクライアントを訪問する仕事のために来日したのだ。私はそんな娘の姿を見て、シメシメと思った。私は働く母親として長い間娘の厳しい目に晒されてきたが、今や娘も私と同じように無認可保育所に

「歌う楽校」の皆さん（2019年1月）

子どもを預け、仕事となれば子連れでアメリカから飛行機でやってくる。私への態度も和らぎ、これでやっと娘が母親の生き方を受け入れてくれたと安堵した。

私も子どもたちを実家に預けて公演旅行をした。私の母は、「どんなに放ったらかしていても、子どもは絶対お母さんが好きなんだからね。子どもに感謝しなさいよ」と諭しながらも応援してくれた。だから私も母のように、娘の生き方にエールを送りたい。

娘の関西出張と重なって、私の主宰する「歌う楽校」があった。はじめての孫連れレッスンで孫が泣きはしないかと心配したが、歌う人たちを好奇心いっぱいで眺めているうちに、気が付くといつのまにか眠っていた。あらためて、他の人たちに囲まれて過ごす〝デイケアっ子〟の良さを見なおした。

娘は、ワシントン⇅成田十四時間のフライトを娘の夫と共に来日したが、夫は一足先に帰国したため、帰りは娘一人。急に逞しい母親になった娘は、たくさんの荷物と赤ちゃんを連れて去って行った。

リエンさんとその生徒たちと一緒に（2009年3月26日）

③ベトナムのリエンさん

ベトナムの古都フエ在住のリエンさんとは毎年三月フエで会っている。彼女は、独学で日本語を学び、自宅で「リエン日本語教室」を開き、小学生から大学生まで八十人程の生徒を、朝から晩まで一人で教えている。

リエンさんとの出会いは、二〇〇六年四月、私あての一通の日本語のメールからはじまった。

「私はリエンといいます。子どものころハノイに住んでいた私は、小児麻痺で出かけられなくて、街頭の拡声器から流れるニュースは唯一の親友でした。当時は、お金持ちだけがラジオを持っていました。拡声器のおかげで戦争中の国と世界のことが分かりました。拡声器から日本人歌手の『戦車は動けない』という歌が何度も流れました。ア

北ベトナムのバクマイ病院でコンサート（1973年11月29日）

メリカ軍の戦車を日本の基地からベトナムに運び、子どもたちを狙っている。無実の人を殺さないで、という歌でした。私は、その歌が大好きで、意味を教えてもらって何度も歌い、日本語が好きになりました。それからずっと、あの歌手に会いたい、あの歌手はまだ生きているだろうかと捜していました。奇跡が起きて名前が分かりました」

私はベトナム戦争中の一九七三年、北ベトナムを訪問し、各地で演奏した。リエンさんは、その録音された歌を拡声器から聞いたのだった。

リエンさんが歌を聞いてから三十三年後、二〇〇七年五月、私たちはフエで〝再会〟した。そして、三十三年も〝熱い心〟を持ち続けたリエンさんの人柄や、車椅子のリエンさんを生徒たちが抱きかかえるその師弟関係に感動した。

私は二〇〇三年から毎年ベトナムツアーをし、枯葉剤被害児との交流コンサートをしていたが、それ以来、彼女の生徒たちとの交流がツアーに加

慶蔵院での「日本語学習支援の会」で挨拶（2013 年 7 月 21 日）

わった。

ベトナムでは、〇五年から中学校で日本語教育が開始され、日本語を学びたいと願う人が増えている。リエンさんの生徒と接する中で、このしなやかな中高生の時期に、来日して日本語を学び異国の文化を体験することは、子どもたちの未来を開く力になるのではないかと思った。ちょうど伊勢市慶蔵院の前島住職や福岡の角銅《かくどう》弁護士もツアーに同行されていて、三人の共同代表で「日本語学習支援の会（スカラシップの会）」を立ち上げることにした。この会は、一一年から毎年三月のツアーの折、フエで試験・面接を行い、選ばれた四名の日本語奨学生は、夏休みの六週間、慶蔵院「てらこや塾」で学んでいる。奨学生の旅費・滞在費を会の支援基金で賄うため来日希望者は多く、今年（二〇一四年）も第四期生を迎える準備に入っている。

リエンさんにはＨＪという娘さんが一人いる。ＨＪは、日本の大学を卒業し、中国人の夫と子どもと東京で暮らしている。

その娘や孫に会うためにリエンさんは、二月末、車椅子で一人来日した。東京でリエンさんに会えて嬉しかったが、それ以上にＨＪの元気溌剌とした姿にビックリした。三年前に会った時は、やせ細って倒れんばかりだった。彼女は、異国で育児をしながら「ユニクロ」で働き、疲労困憊していた。大学生時代の彼女を知っている私は、その変わりように心を痛めた。彼女をよく知る人は、「ＨＪは優秀だから、帰国すれば外務省に勤められるのに、あの才能を日本企業に使われるなんてベトナムの損失だ」と言っていた。そのＨＪが別人のように変身していたのだ。「ユニクロ」を辞めて別の会社に勤めたそうで、見るからにバリバリのキャリアウーマンになっていた。

日本には、多くの外国人労働者がいる。日本の〝ブラック企業〟は、日本の若者を非正規雇用で使い捨てるだけでなく、外国人労働者をも酷い労働システムで働かせている。元気になったＨＪが、「あそこは〝ブラック企業〟だから働きすぎて病気になったの」と美しい日本語で言うのを聞いて、私は、日本人としてなんだか申し訳ない気持ちになった。

リエンさんの帰国の日、東京は記録的な大雪だった。たった一人で帰国したリエンさんからメールが届いた。

「朝四時頃、家を出ましたが、雪で駅まで大変でした。ホーチミン市は35℃もありました。夜中に家に着き、次の日には授業をしました」

大雪をものともせず、車椅子で空を飛び、自らの道を行くリエンさん。七三年にベトナムで歌ってから四十一年。こういう友人がいることを誇りに思う。

④官邸前行動

昨年（二〇一三年）八月、官邸前行動に参加した時のことだった。大勢の人が原発ゼロの声をあげている官邸前から離れた人通りのない道で、一人の青年が国会議事堂に向かって歌っていた。聞く人もいないのに譜面台を立ててギターを弾きながら国の中枢機関に向かって歌っていた。それ以来私もその青年の勇気に見習って、ほぼ月に一度、一人でギターを持って官邸前近くで歌ってきた。

官邸前で（2013年9月27日）

官邸前の夕やみの中で、名も無き国民の一人として〝一人歌い〟をはじめて気がついたことがある。そこには普段のコンサートのような聴衆がいない。これが意外にいい気分なのだ。夕やみの広い空の下、ライトアップされてそびえたつ国会議事堂に向かって歌う。誰も聞いていない淋しさに耐えながらひたすら歌だけに集中できるのがいい。

今年（二〇一四年）二月、百四歳で亡くなられた詩人のまど・みちおさんの詩を思い出した。

「うたを　うたうとき　わたしは　からだを　ぬぎすてます　からだを　ぬぎすてて　こころ　ひとつに　なります　こころ　ひとつに　なって　かるがる　とんでいくのです（後略）」

この詩のように私も〝からだをぬぎすてた〟つもりで歌う。しかし、そばにお坊さんがきて太鼓を叩いてお経を唱えたり、大音量の管楽器が聞こえてきたりすると、〝こころひとつ〟にならず、たちまち私の歌は、〝かるがる〟とんで行かなくなってしまう。月に一度の官邸前の〝一人歌い〟は、安倍政権にNOと言う場であると同時に、私にとっては学びの場でもある。

ビクトル・ハラのお孫さんと（2007年1月7日）

ところで、この半年、私をこの〝一人歌い〟の行動に駆り立てたのには、もう一つの想いがあった。

昨年（二〇一三年）九月十五日は、チリの国民的歌手ビクトル・ハラが軍事クーデターによって虐殺されてから四十年にあたる日だった。二〇〇七年一月、私はチリ史上初の女性大統領誕生に沸く

故アジェンデ大統領夫人（左端）と次女・イザベルさんを迎えて
『ベンセレモス』を歌う著者（1974年3月28日、東京・九段会館）

チリを訪問した。「ビクトル・ハラ・スタジアム」と改名されたスタジアムには、ハラと一緒に拉致されて拷問を受けたという男性が同行してくれた。彼はハラが座っていたというNo.53の椅子を示しながら話した。

「指を砕かれたハラに、将校が『歌えるものなら歌ってみろ』と言った。すると、四日間の拷問にもかかわらず、『ベンセレモス』を歌うハラの声がスタジアムに響いたのです。それが最後でした」「ギターは銃のように敵を撃つ戦いの武器になる」――このビクトル・ハラの言葉が、官邸前で歌う青年の姿に重なった。

チリと日本とでは、社会的、政治的、文化的に大きな違いがある。しかし、秘密保護法をつくり、集団的自衛権で憲法九条の骨抜きを目論む安倍政権の行く先には、ハラ虐殺と同様な個人の権利を簡単に抹殺してしまう国が待ち受けている。

笠木透さんとのジョイントコンサート（2014年7月、国分寺市いずみホール）

私の敬愛する故櫛田ふきさんの言葉に「沈黙は共犯」がある。静かに着々と戦争への道を歩んで行く私たちの国。その櫛田さんの言葉が私に迫ってきて、官邸前の〝一人歌い〟に私を駆り立ててきたのだ。

しかし、今年（二〇一四年）に入ってさらなる安倍内閣の暴走に、いても立ってもいられなくなってきた。一人でも声をあげねば！と夕やみの中で〝一人歌い〟を続けてきたが、それだけでは足りない。明るい舞台で多くの方たちと一緒に歌を通して、この国の未来を考えてみたいと思った。

そして、その想いから、私の先輩で『私の子ども達へ』など多くの名曲を世に送り出している笠木透さんとのジョイントコンサートを企画した。サブタイトルは、「原発ゼロに！　秘密保護法を廃案に！」。私たち二人と参加された方たちの歌声が、この国の未来を少しでも明るくする力になることを願っている。

⑤ピート・シーガー

今年（二〇一四年）の一月二十七日にピート・シーガーが亡くなった。九十四歳だった。彼は、『We Shall Overcome』などの作者で、ボブ・ディランを世に出し、五弦バンジョーを弾く「フォークの神様」「アメリカの良心」として世界中のアーティストから慕われていた。

一九七九年七月、もう三十五年前のことになる。私は、サンフランシスコのピートの義弟の家で彼に会ったことがある。当時六十歳のピートは、まるで少年のように、権威とか貫禄とかいう言葉からほど遠く、質素で敬虔で真理を追究する学徒のように見えた。

ピート・シーガーと（1979年7月）

ピートはハーバード大学で学び、中退した。彼の同窓生にはアメリカ大統領ジョン・F・ケネディがいた。「もしケネディが一九四〇年代の最も有名な卒業生だとしたら、ピート・シーガーは最も有名な落ちこぼれだった」といわれている。

一九五〇年代、彼の歌は、三百万枚ものレコードを売り上げるよく知られた大スターだった。しかし、一方で彼は、様々な社会活動のためFBIにずっとねらわれ、テレビ・ラジオへの出演を拒否され妨害されつづけた。そして一九五五年、合衆国下院非米活動調査委員会に召喚され、破壊分子として十年の投獄判決を下された。しかし、世界中が彼を支援し、七年にわたる裁判闘争の末、無罪を勝ち取った。彼は法廷で述べている。

「私は、私の国アメリカを心から愛しています。私は、自分の国を破壊するような歌はどんな場合でも歌ったことはない」

彼は、音楽で人々を結び付けようと、歌う労働運動である「人民の歌協会」をつくり、雑誌『シングアウト』を発行し、公民権運動などの集会には常にその先頭で歌っていた。

ギリシャの哲学者プラトンは著書『国家』の中で、「音楽には人間を作る大きな力がある。国家を司る為政者たるものは、先ず音楽のことをよく知りつくす必要がある」と述べている。ピートは、プラトンのこの言葉を生涯を通じて信じていたという。そして自伝の中で、「もし我が国の支配者たちが、歌がどんなに重要なものか知っていたら、彼らは、ずっと前に、ウディー・ガスリーや私や他の人たちに対して何らかの手を打っていたことだろう。チリの虐殺されたビクトル・ハラのように」と書いている（『歌わずにはいられない』社会思想社・一九八四年）。

オバマ大統領も、次の追悼の言葉をおくった。

「ピート・シーガーは、歌の力を心から信じていた。

2007年当事のピート・シーガー

歌は社会を変えると信じて（2009 年 1 月 18 日、厚労省前）

しかし、もっと大切なのは、あるべきアメリカに近づくように国を動かすのはコミュニティの力であることを信じていた。だから彼は一緒に歌おうと我々に呼びかけた」（ホワイトハウスHPより）

彼の有名な言葉がある。「私はフォークソングシンガーであって、フォークシンガーではありません。真のフォークシンガーは、民衆である」という言葉だ。ピートほど、「歌うこと」を人民の側に引き寄せ、「歌うこと」を社会変革の武器にと考えた音楽家は少ない。それは、人々が自ら歌うことでより自由に考え、それを感じる心と体がいつか人間を変え、社会変革の力になると信じていたからだ。ピートにとって音楽は、人生のためにあり、音楽に人生を捧げたのではなかった。だから高齢になってステージで歌詞を忘れても、自分の身の丈で歌う老いたフォークソングシンガーであり続けた。

『We Shall Overcome』で思い出したことがある。

一九四六年、ピートはノースカロライナ州のタバコ労働者が歌っていた歌詞を聞き、古いゴスペルソングにこの歌詞をつけ、この歌が生まれた。アメリカでは讃美歌などのよく知られたメロディに新たに歌詞をつけて歌う伝統がある。この話を聞いて故櫛田ふきさんが発案したのが、『We Have Article 9』。「We Shall Overcome Someday」の部分を「We Have Article 9 Today」に変えるだけで、あとは同じ歌詞で歌う。櫛田さんは友人を通して、ピートから歌詞変更の了解を得た。『We Have Article 9』は、今、さらに声をあげて歌いたい歌だ。

私はピート・シーガーという音楽家と同じ時代の空気を吸って生きてきたことを幸せに思う。

⑥血の日曜日事件

アイルランドに惹かれてもう四十年近くになる。きっかけは一九七五年、ベルリン国際音楽祭に出演し、アイルランドのグループの歌う『The Town I Loved So Well（私の愛した街）』を聞いたことだった。歌詞に「刑務所」や「共同井戸」や「鉄条網」があり、いったいこの歌は何だろうと、歴史を調べ始め、アイルランドに惹かれていった。

この歌は、一九七二年一月三十日に北アイルランド第二の都市デリー市で起きた「血の日曜日事件」を歌った歌だった。アイルランドは、十二世紀に英国に征服されて以来、八百年にわたって植民地にされ、それは反乱と弾圧の歴史でもあった。英国政府は、高まる民族独立運動におされ、一九二一年、プロテスタント住民の多い北部六州を残し、南の二十六州を自治領として独立を認めた。英国の分割

「血の日曜日事件」を描いた家の壁画

統治政策のはじまりである。

　五世紀から古都であったデリーは、征服後、ロンドン市から多くの英国人が入植し、ロンドンデリーと改名した。もちろん従来から住んでいるカトリック住民はいまでもデリーとしか呼ばない。北アイルランドでは、一九七〇年代になってもプロテスタントの資産家や地主には一人六票の選挙権が与えられ、カトリック住民は公営住宅の入居や公職も差別されていた。一九七二年一月三十日、デリーで「一人一票を！　仕事を！　住宅を！」と一万人がデモをした。その無防備なデモに対して英国軍の落下傘部隊が発砲し、十四名の人が死亡した。これが「血の日曜日事件」である。

　一九八八年、この歌を聞いてから十三年後、私ははじめてデリーを訪れた。デリーは坂道の多い美しい街だった。しかし、街には銃を肩に迷彩服を着た英国兵が歩き、時折、全方位に、通行人に銃を向けた装甲車が走っていた。直接統治とはこういうことかと恐ろしかった。「血の日曜日事件」の十四名の慰霊碑は、十三年も経っているのに、周りの建物のガラスは割れたままで荒れ果てていた。プロテスタントとカトリックの紛争は続いていて、デリーの街は、美しいけれど傷ついた街、陽気だけれど哀しい街、懐かしいけれど拒む街。『私の愛した街』は、長い抵抗の歴史を生きてきた街だった。

デリーの城壁に残る砲台の前でツアーの皆さんと（2018年8月9日）

あれから、もう何十回アイルランドを訪れたことだろう。四十代後半、大きなコンサート後「燃え尽き状態」になった私は、首都ダブリンから西のゴルウェーまで二百十九キロを単身自転車で走ったこともあった（『ただの私に戻る旅』旬報社、一九九五年）。リマリック大学に短期留学し、バウロン（アイリッシュドラム）を習得したこともあった。今でも毎年ツアー&コンサートをし、留学時代の師サンドラ・ジョイスと聖メアリー大聖堂でコンサートをしたり、時にはBBC放送に出演したりしている。

ツアーも今年（二〇一四年）で十五回目になる。この間、紛争が終結に向かい、街が少しずつ平和になっていく様子を見てきたが、昨年は、急激に街が明るくなっていたのに驚いた。

その理由は、デリー市民の長い戦いが実ったからだ。「血の日曜日事件」に対して、英国は、最初に住民が引き金を引いたと主張してきた。しかし、二〇一〇年六月十五日、英国の独立調査委員会は、「犠牲者は兵士らの不当な発砲によって射殺された」と結論づけ、当時のキャメロン首相が遺族に謝罪した。デリーのギルドホールで行われた報告会で市民は狂喜したそうだ。

数年前、私たちがデリーの街角で『私の愛した街』を歌った時、「この歌をうたってくれてありがとう」と駆け寄ってきた女性にハグされた。弟が十四名の犠牲者の一人であるケイさんだった。いつもデリーを案内してくれるガイドのギャビン氏も親類を亡くしている。街の建物の壁には、「血の日曜日事件」を描いた大きな壁画がいくつもある。「血の日曜日ミュージアム」もある。こうした市民の真実を求める粘り強い活動が、十二年の歳月と約二百七十億円の経費を必要とした「英国史上で最も高額かつ長期に及んだ公的調査」（BBC放送）でついに真実を導き出した。英国植民地のもとで屈することのなかった「アイルランド魂」の勝利だ。

今年の夏も私は、デリー市の十四名の慰霊碑の前で『私の愛した街』を歌う。

（『人権と部落問題』２０１４年４月号〜９月号）

ゆるゆるふっくり 暮らしを謳う

①国立に住んで

大学入学のため名古屋の親元を離れ、東京都国立《くにたち》市に住んで四十七年になります。

国立市は、かつては谷保《やほ》村といい、豊かな水田と畑作の農村でした。大正末期に、ドイツの大学街ゲッチンゲンを模して、村の北部の武蔵野の荒れ地や雑木林を切り開き学園都市がつくられました。JR中央線が通り、駅名は立川駅と国分寺駅の間にあるので国立駅となりました。碁盤の目のような市街地の道路は、南口駅前から朝日が見える東の通りは旭通り、富士山の見える西の通りは富士見通り、そして街を南北に貫く大学通りは、銀杏《イチョウ》と桜の街路樹が植えられ、季節を彩ります。わが家の近くに住んでいた作家の山口瞳さんは、この大学通りを日本で一番美しいと言っていました。

一九五一年、朝鮮戦争勃発にともない米軍立川基地による環境悪化から子どもたちを守る市民運動が発展し、「文教地区指定」を勝ち取りました。一九九九年には、景観条例を掲げた女性市長を誕生させ、「巨大マンション建設反対」運動は、二〇〇四年、国の景観法成立に寄与しました。

国立市は、人口七万人余の箱庭のような美しい街ですが、わが家は、箱庭の隅にあり、大雨が降る

国立市の自宅風景（絵／大瀧安良）

と家の前の私道は川になって玄関に水が入り、大雨警報が出ると一番最初に市の土木課が来てくれる〝僻地《へきち》〟でした。市の下水工事が完備してからは、〝僻地〟は解消しましたが。歩いて四、五分のところには忌野清志郎《いまわのきよしろう》さんの歌で有名になった「多摩蘭坂《たまらんざか》」があり、彼が亡くなった直後は、多くの花束が置いてありました。

わが家は、もともとは、戦後の引揚者用の都営住宅で、隣家とは壁一枚の二軒長屋の片割れでした。室内はペコペコの板張りなので、よく自分で板を引っ剝《ぱ》がしてはトンカチと改修し、それが楽しみの一つでした。息子が小学生の時、悪さをしてトイレに逃げ込んで中から鍵をかけたので、ならば！と外から釘を打ちつけ、出られないようにしたこともありました。しかし、釘を打ちまくった家に十年住み、汲み取り式の便所や雨漏りを直せる力量もないので、隣と切り離して家を建て直しました。

マッチ箱のような木造りの築三十年になる自宅を、私は大変気に入っています。

もう一つ気に入っているのは、家の東側の舗装していない私道です。草花の好きな私と両隣の住人は、今どき舗装していない道こそ貴重だと、市の舗装の薦めを断り、道端にそれぞれ好きな花や野菜を植えています。登下校する小学生たちが、その小路の花に集まる虫を観察しながらおしゃべりしている姿を目にするのは楽しいものです。

私は、この四十年間、日本各地、世界各国に足を運び、そこで出会った人たちから生きるエネルギーをもらいながら歌い続けてきました。

しかし、私のもう一つのエネルギーは、こうした地域社会のなかで、くつろげる住まいや土にふれて花や野菜の手入れをしたり、食事を考えたり、おしゃれを工夫したりという日々の暮らしから得てきました。

社会の不正義、不公正に怒り、涙し、行動するには、優しさとエネルギーが必要です。その大きな力を私に与えてくれるこの場所、この地域、この暮らしを、これから徒然《つれづれ》なるままに「ゆるゆるふっくり」と綴《つづ》ってみたいと思います。

②私のモーニング

初夏の楽しみは、畳二枚ほどのウッドデッキで朝食をとることです。お気に入りのテーブルクロスをかけ、風に吹かれながら、手作りの品々を並べた朝食は、私の「ふっくり」とした時間です。狭い家並みなので、私道を通る人からも私の姿は丸見えですが、通る人に「おはようございます」と声も掛けられるし、犬を連れた人には、「見張り効果」も期待できます。

私の「モーニング」は、おからパン、ジャム、豆乳、人参ジュース、皮付きリンゴ、ハーブティーで、ほとんど手作りです。ジューサーミキサーとパン焼き器とレモン絞り器が、私の三種の神器ならぬ必需品です。

人参ジュースを作るためにジューサーミキサーを買ったら、豆乳サーバーが付いていて、豆乳を手作りしています。一晩水に浸した百グラムの大豆で簡単に四百ccの豆乳ができ、それを二倍弱に薄め、数分沸かして飲みます。豆乳作りは、困ったことに、おからがジャンジャンできます。最初は、から炒りしてヒジキやシイタケを入れて「卯の花」を作っていましたが、おからは、傷《いた》みが早く、すぐ味が落ちます。おからクッキー、おからハンバーグなどいろいろ試して、今の私の一押しは、おからパンです。

パンは、手で捏《こ》ねてこそ正道、パン焼き器なんて邪道と思っていたのですが、トホホ、何度やっても失敗ばかり。打ちひしがれていた時、友人からパン焼き器を紹介され、試してみたらあまりに簡単にできるので、それ以来愛用しています。粉の量の四割ほどがおからなので、普通の半分くらいしか膨《ふく》らみませんが、ライ麦パンのように美味しい。前夜セットして、朝ウトウトしている時、パンの匂いが立ちこめて「ゆるゆる」目覚めるのは幸せです。焼き立てのパンが私を待っていると思うと、パッと起き上がることもできます。

数年前、愛知県の新しい障害者センターで歌いました。施設長が、「ご飯が炊ける匂いは、生活するのに大切なことです」「ここでは、入所者が自分の家で暮らしている環境を作るために、炊飯器を生活の身近に置いています」と言われました。

暮らしの中の匂いと音。自分の子どものころを振り返ると、たしかに、台所から聞こえる母の包丁の音、父がお風呂の薪《まき》を割る音、ご飯が炊ける匂い、お味噌汁の匂いなど、家庭の匂いや音に囲まれて育ちました。

子育て真最中のころは、毎日あわただしく、親として暮らしを楽しむ余裕もなく、子どもにどんな匂いや音を残せたかと思います。でも、父も母も、戦後の厳しい生活の中、六人の子どもを抱え、やっぱりあわただしく生きていて、それでも私に暮らしの匂いや音を残してくれました。わが家の子どもたちの中にも、きっと何か残っていることでしょう。

子どもにどんな匂いや音を残せたか

さて、これらの手作り朝食のテーブルに小さな季節の花を一輪飾ると、ささやかなテーブルセッティングはできあがります。自慢の豆乳を飲んだあとは、脇の鉢に植えてあるハーブを摘んで、そのままポットに入れ、熱いお湯を注ぎハーブティーを飲みましょう。朝刊を読みながら。曇り空でもウッドデッキで朝食し、雨が降るとがっかりしてしまう私の「モーニング」です。

③夢みる薔薇小路

三十年来、薔薇作りに意欲を燃やしては、病害虫との格闘で、挫折の繰り返しですが、昨年（二〇〇九年）、またムラムラと薔薇作りの波に呑み込まれました。花屋に行ったらネットで探していた「ジュリア」と「ブラックティ」の見事なつる薔薇が目の前にあったのです。

「ジュリア」は、米国の劇作家リリアン・ヘルマン原作の映画『ジュリア』に重なり、花びらの淡いベージュ色が、この映画で助演女優賞を受賞した「ジュリア」役のヴァネッサ・レッドグレイヴを思い起こさせます。「ブラックティ」は、その名のごとく、深い赤色が魅力です。

でも、狭い庭では、二つの大きな鉢のつる薔薇を植える場所がありません。それで、庭の三本の木を掘り起こしました。虫がついて株だけの「椿」、自慢の「ブルームーン」を影にして枯らしてしまった「ムクゲ」、そして「ビワの木」。たった一人で、三つの大きな根っこを取り除き、大きな鉢から薔薇の棘と格闘して庭に移す作業は、「ゆるゆるふっくり」なんて吹っ飛ぶような、死ぬほどたいへんな重労働でした。

でも、新しい薔薇が庭におさまると、苦労も露と消え、さらに、自宅の前の私道を「薔薇小路」にしたいと意欲がフツフツ。しかし、労力はあっても、財力も必要です。

そんなある日、国立市の広報誌に、「アンネの薔薇」頒布会の予告がありました。

「アンネの薔薇」は、アンネ・フランクがとりわけ薔薇が好きだったことを知ったベルギーの園芸家によって創りだされた四季咲きの薔薇です。花が終わるまでに色が変わる特徴があり、日本には、一九七二年、アンネの父親から十本の苗が送られ、接《つ》ぎ木して増やされ、現在、アンネの薔薇は一万本以上も日本にあるそうです。

国立市では、二〇〇〇年六月、平和都市宣言記念樹として、市役所など十九カ所に植えられています。

早速、市役所での頒布会にいきました。頒布する株は十五株、申込は三十四人。ガラガラポンの抽選方式で、一株一株当たった人は大声で喜び、外れた人は疎外感に陥ります。私は、くじ運が悪いのでダメかといじけていたら、最後の十五株目が当たったのです。万歳！

現在、わが庭には十三本の薔薇がありますが、「薔薇小路」になるのはまだまだ先のこと。でもこんなに重労働をしたのだから、立派な「薔薇小路」にしたいものです。数年後には、美しい薔薇に囲まれ、美しい日々を送ることを夢見て。薔薇は、そんな手に届きそうな華やかな幸せを私に贈ってくれます。

④ウレタンの草履

数年前、母の残した着物を着てみようと思い立ちました。その年、母が亡くなったからです。帯や帯上げや帯締めなど、着物周りの小物は揃っていたのですが、草履がありません。

手芸材料の大型専門店に行ったら、安くて鼻緒の柄のいい「右近」型の草履が目に付きました。裏を見るとウレタンソールと書いてあったので、「ナンダ、ウレタンの草履かぁ。やっぱりこの値段じゃ革の草履は買えないよね」と思いましたが、メイドインジャパンとあり、私の着物ライフは「お金をかけない」ことから始めたので、その草履を買いました。

着物ライフを始めるには、相当な覚悟が必要です。約束事が多く、初めての人には敷居が高いと思われているからです。しかし、私の目指すのは「敷居の低い普段着の着物ライフ」です。

ところで、このウレタン草履はスグレモノでした。その後、草履も増えましたが、ウレタン草履は履き心地が抜群。適度なクッションがあり、靴よりもス

イスイ歩けて、すっかり私のお気に入りです。
さて、踵《かかと》もすり減りかけてきたので、もう一つ欲しいと思い、先の大型専門店に行ったら、ない、ない！ 問屋もどこか分からないといいます。ネットで調べても、踵の高さが五センチのものはない。ついに浅草の高級革草履も扱う問屋まで行きましたが、そこにもありませんでした。
昨年（二〇〇九年）四月のこと。私の住む国立市は桜の名所です。その桜の花の下で、一人のおじさんが下駄や草履を道路脇に広げて売っていました。声をかけたら、「最近は、ウレタンというだけで皆馬鹿にして履かないから置いてないけど、本当はウレタンは雨でも履けるし、歩きやすいんだよね」と言ってくれ、〝ウレタン草履求めて何千里〞の私は、「やはりプロは分かってくれる」と嬉しい思いをしたのでした。
ある時、随筆家の白州正子の『きもの美』（光文社）を読んでいて、次の文章を見つけました。「皮に

よっては、ずいぶん高価なのもあるようですが、私は大抵ビニールの光らないので我慢しています」。着物文化に造詣の深い白州正子の言葉にわが意を得たり、でした。

そして、今年（二〇一〇年）四月。桜の下を歩いていると、例のおじさんが同じ場所で店を広げているではありませんか。私はただ懐かしくて、「あれからずっとウレタン草履を捜しているんですよ」と声をかけました。すると、「去年そう言われたので、問屋から仕入れてあるんですよ。今はないけど、明日またここで店開くから持ってきますよ」と思いがけない返事です。ネットでなくても、浅草でなくても、地元の国立の桜の下で、私は一年がかりでウレタン草履を手に入れたのでした。

⑤ベトナムの友人リエンさん

今年（二〇一〇年）二月、雪の降った寒い日、ベトナム・フエで日本語を教えている私の若い友人チャン・フォン・リエンさんが、わが家に泊りました。日本の大学で学び、東京で働いている娘さんが出産し、二月十四日のベトナムのお正月を日本で祝うための来日でした。

リエンさんを知ったのは、四年前。突然届いた日本語のメールでした。

「私はチャン・フォン・リエンと言います。小さい頃から足が病気で歩くことができなくて、出かけられませんでしたから、学校が終わってから、街に流れる拡声器（あの頃はお金持ちだけラジオを持っていました）は、私の唯一の親友でした。あの拡声器のおかげで、国と世界のニュースが分かり音楽

ベトナムツアーでリエンさんとその生徒たちと一緒に（2019年1月）

を聴きました。ベトナムの南で戦争が激しくなった頃、拡声器から日本人の歌手がハノイに来て歌っていることを知りました。私は日本語が全然分かりませんでしたが、特別あの歌手がギターを弾きながら歌う『戦車は動けない』が大好きでした。その歌を繰り返し歌ってだんだん覚えました。あの歌手はまだ生きているか回りの日本人に何度も聞いてきました。やっと奇跡が起きたのです。（後略）」

翌二〇〇七年、私たちはフエで劇的な対面をしました。それ以来、それまで毎年続けていたベトナムの枯葉剤被害児施設「平和村」訪問に加え、「リエン日本語教室」を訪れ、交流してきました。

酷暑のベトナムから厳寒の日本へ来日したリエンさん。「ディズニーシー」に行ったり、温泉に行ったり、初めて見る雪の中でスキーをしたり。一週間の滞在中には、車椅子でJRに乗ることにも慣れて、好奇心にあふれ疲れを知らぬ行動力でした。

リエンさんがわが家に泊ることになって困ったこ

とは、車椅子から乗り移るにはトイレが狭いことと、二階にある洗面所とお風呂でした。お風呂はあきらめてもらい、トイレは扉を開けたまま、洗面は洗面器で済ましてもらいました。リエンさん来宅で、三十年前に建てたわが家がいかに障害を持った人には住みにくい家かが分かりました。

それにしても、「寒い寒い」と言いながら厳寒の日本を車椅子であちこち出かけるリエンさんのこの逞《たくま》しさはどこからくるのだろうと不思議でした。そして、ハタと、リエンさんは、私たちの母親の世代といっしょなんだと思い当たりました。アメリカがベトナムに侵攻したのは、リエンさんが二歳の時、ベトナムがアメリカに勝利したのは、十七歳の時でした。

「戦争中、私は両親から離れて疎開し、毎日、友達に背負ってもらって学校へ通ったり、防空壕に逃げました。歯を食いしばって学校を続けました。だから今は何も怖いものがありません」

私よりずっと若いリエンさんを見て、私は、貧しくとも「戦争中を思えば何も怖いものはない！」と戦後を生き抜いてきた強く逞しい日本の母親の世代に想いを馳せました。そして、躍進を続けるベトナムには、今、たくさんの「リエンさん」がいるのだと。

⑥私の着物ライフ

数年前、母の遺した着物を着てみようと思い立ち、一人で着られるように着付けの本やＤＶＤを買いこみました。百年前には、男も女も、日本中が着物を着ていたのですから、そのＤＮＡが私にも流

名古屋の実家近くで妹とともに

れているはずと確信し、着付け教室には行かず、なんとか着られるようになりました。

次は、着物を着ての外出です。本を見ると、六、七、八月は単衣《ひとえ》とか、それ以外の月は袷《あわせ》とか、真夏だけの帯とか、まるで英語の文法のようにあれこれ決まり事が書いてあります。

私は、「着物ライフは英会話と同じだ」と思いました。英会話の上達は、英文法を気にしないで、なりふり構わず話す心意気です。着物ライフも同じで、決まりごとに左右されていたらいつまでたっても着られないと、私は、恥も外聞も気にせず着物を着て出かけることにしました。

ところがだんだん着物ライフが身近になると、裄《ゆき》の長さなどが気になってきました。母は、昔の人にしては背が高かったのですが、丈はともかく裄が短いので、なんとか袖だけでも自分で直せないかと思い始めたのです。

何度も着物をひっくり返して思案しているうちに、これは和裁の技術がないと太刀打ちできないと分かり、思い切ってカルチャーセンターの和裁教室に入門しました。二年前のことです。

ここで私は、和裁という日本の伝統技術の素晴らしさをしばし体験しました。一針一針一ミリ二ミリという世界です。手縫いの着物が高価なのは当然だと思いました。

初歩の肌着を縫ったあと、私は、母の白無垢《しろむく》の花嫁衣装を自分で緑色に染めて、長襦袢《ながじゅばん》をつくることにしました。母が結婚したのは一九三三年ですから、八十年近く経っている着物です。初心者が週一度の教室で、一枚の襦袢をつくるには数カ月かかりますが、それでも出来上がった時は感動しました。何より、母の結婚式の着物に宿った八十年前の命が、今繋がって私と共に在るということに深い感動があるのです。こうして和服は、何度でもほどいて、洗い張りをして、また、別の人の身体を包み、幾世代もの時を繋いでいくのです。

しかし、現在、こうした日本の素晴らしい和裁の伝統技術は衰退状態です。着物を着る人が少なくなったうえに、「海外仕立」と言われる安い仕立て代で着物が縫われているからです。その一つがベトナムのホーチミン市です。

ベトナムはシルクの本場で、ベトナム女性は、器用で働き者です。民族衣装のアオザイは、朝、寸法を採ると夕方には出来上がってきます。ですから、和裁技術の習得も優れているのでしょう。でも、着物は日本にしかない世界に誇る伝統文化の一つです。日本人として、もっと着物を守り発展させたいものです。それには、「なりふり構わず」着てみることから始まります。最近では、私も海外に行く時は必ず着物を持っていくことにしています。

⑦アラン島にて

「暮らしを謳う」営みは、「ゆるゆるふっくり」と生まれるものばかりでなく、自然とたたかい、生死をかけて生み出される場合もあります。

八月（二〇一〇年）、アイルランドのアラン諸島（アラン島とも呼ばれる）イニシモア島を訪れました。ここは、ヨーロッパ大陸の最西端、海の向こうはもうアメリカ大陸です。アラン島は土のない岩盤でできた島で、海が荒れると一切が閉ざされてしまい、「信仰なくしては生きていけない」といわれる荒涼とした島です。

アラン島に初めて行ったのは一九九一年。そのころ私は大きなコンサートを終えて「燃え尽き状態」に陥り、アラン島こそ私が「行くべき島」だと思いました。枯れ木のように心が朽ち果てていくと恐れていたひ弱な自分を、日本から最も遠い過酷な島に置いてみたいと思ったのです。アイルランドを東から西へ一人自転車で横断し、フェリーで更に西にあるアラン諸島のイニシモア島に渡りました。それ以来二十年。この島に十回も通ううちに、この過酷な島で生きる人たちの暮らしの営みが少しずつ見えてきました。

アラン島でまず最初に目を奪われるのは、岩を砕いて積み上げた低い石垣が島中を覆っている奇怪な風景です。その石垣は、所有地を表し、併せて作物の風通しや海からの強風を防ぎます。その石垣に朝陽や夕陽が差し込むと見事な石のレースが出来上がり、一瞬にして、私たちを不思議な世界に引き込みます。

アラン島で歌う著者（2010年8月）

　この島では、岩を砕いた隙間に海藻と砂を交互に置き、不毛の岩盤の上に何年もかけて土をつくり、牛や馬の牧草地をつくってきました。

　砂浜に置いてある木の枠組みにキャンバス地を張り、コールタールを塗っただけのまっ黒な小舟（カヤック）も、島の厳しい暮らしの中から生まれました。島の周辺には、毎年巨大なサメの大群がやってきて、漁師たちは、この小舟で大西洋の荒波に乗り出し、小舟と同じくらいのサメと二日も三日も死闘し、サメの肝臓を貴重なランプの油にしました。

　海に出た漁師が、寒風と雨を防ぐため着ていたのは、脱脂していない羊の毛のセーターです。アラン島の娘たちは、針が持てるようになると母親の真似をしてセーターを編みはじめ、何千という針の動きを型紙も使わず覚え、複雑で難しい個人の署名のような模様を編みあげました。格子模様は、小さな石垣に囲まれた土地を示し、鎖の環の模様は、家を離れ遠く海洋に出た恋人との心の交流を表し、ジグザグ模様は曲がりくねった海岸沿いの岸壁、それは船乗りの帰るべき場所を表します。小舟から荒海に投げ出され遭難した漁師の身元は、セーターの網柄から割り出したといわれます。アラン模様は、生活の糧を求めて、危険と背中合わせで海に出る父親や夫や息子の無事を願う女たちの祈りが編み出したものです。

八月末、暑い熱波が覆う日本に帰り、アラン島に生きる人たちを想い、どんな過酷な営みの中からも「暮らしを謳う」ことができるのだと改めて思っています。

⑧「アノニマ――もう一つのノーベル賞」

「アノニマ Anonyma（名もなき女性）」という名前を知ったのは、『もうひとつのノーベル平和賞――平和を紡ぐ1000人の女性たち』（金曜日）という本でした。

ノーベル平和賞はなぜ偉い政治家ばかりなのか。世界の平和をつくりだしているのは、多くの場合、注目や称賛に無縁な女性たち。そんな女性を讃えるために草の根で平和に貢献している千人の女性にノーベル平和賞を贈ろう、という壮大な国際プロジェクトが、二〇〇三年、欧州議会の女性議員やスイスの女性団体ではじまりました。

　このプロジェクトは、ノーベル委員会によって正式ノミネートされ、惜しくも二〇〇五年の受賞は逃しましたが、千人の女性を写真と文章で紹介する二千頁余の英文の本が出版され、映画や写真もでき、世界中で巡回展がされています。

「アノニマ」は、Anonymous（匿名の）からの造語ですが、プロジェクトは、九百九十九人と同じように活動している千人目の女性を「アノニマ」と名づけました。あなたも草の根で平和を紡いでいる千人目の女性である、ということでしょう。

　実は、世界各国から選ばれた千人のなかに日本から六人入っていますが、たまたま私もその一人でした。

　この（二〇一〇年）秋、私の住む国立市の公民館で、その写真展と映画上映とコンサートがありました。英文の『1000 Peace Women』出版後、この本を千人のボランティアで翻訳しようという運動が起こり、偶然にも、そのコーディネーターの一人が国立市在住だったからです。

　映画上映は、国立市平和都市宣言十周年記念事業の一つとして、写真展は、国立市公民館事業として、公民館のロビーで一週間展示されました。世界各地で命をかけて平和のために行動している千人の女性たちの顔に囲まれながら歌うのは、身がひきしまる思いでした。なかには、危険が及ぶために写真のない人もあり、また、二〇〇六年にモスクワ市内で暗殺されたロシアのジャーナリスト、アンナ・ポリトコフスカヤさんの写真もありました。

　ロビーでは、写真を見ながら「皆さんいい顔をしていますね」「女性の生き方事典ですね」などと話されるなかで、男性の方が私に話しかけられました。「子どもを無認可保育所に預けていたころ、同じ保育所でご一緒でしたね」と。もう四十年も前のことですが、その言葉に、私はとても「ふっくり」した気分になりました。これこそ地域の誰でも気軽に入れる公民館のロビーならではの会話です。

　この市民企画のためにたくさんの「アノニマ」たちが集まりました。日本では、この写真展に登場する女性たちのように平和の声をあげて暗殺されたり、身の危険を感じることはないでしょう。しかし、「貧困」「無縁社会」など、命が脅かされているのは同じです。今回の写真展は、私たち日本の「アノニマ」が、地域から世界の「アノニマ」と繋がり、共に平和を紡いでいこうと握手できたような写真展でした。

「声をあげよう女の会」にて（2007年3月10日）

⑨トンコリと知里幸恵

数年前、テレビ番組でアイヌの天才少女・知里幸恵《ちりゆきえ》（一九〇三〜一九二二年）を知ってから、「トンコリ（アイヌ五弦琴）」を弾きながら、彼女の『アイヌ神謡集』を語るようになりました。

「その昔、この広い北海道は、私たち先祖の自由の天地でありました」とはじまる『アイヌ神謡集』は、絶滅の危機に追い込まれたアイヌ伝統文化の復権に画期をもたらした「人権宣言」でした。

幕末以降の明治政府は、北方の領土を確保するために、アイヌ民族に対して強力な同化政策を推し進め、アイヌ語は次第に「滅びゆく言葉」になっていきました。こうした時代にあって、大正十一年（一九二二年）、幸恵は病躯をおして、世代から世代へと口承されてきた「アイヌ文学（カムイユカラ）」をアイヌ民族史上初めて表音文字（ローマ字）にし、和文訳を対比させました。しかし、幸恵は、その『アイヌ神謡集』の出版を見ることもなく、十九歳で亡くなりました。

幸恵は、「雨の宵、雪の夜、暇ある毎に打集って先祖が語り興じたいろいろの物語」を「多くの方に読んで頂く事ができますならば、無

知里幸恵とトンコリ

旭川市立北門中学校の校庭にある「知里幸恵文学碑」

限の喜びに存じます」と記しています。

五本の弦を張った「トンコリ」は、松の木で作られ、カラフトや北海道でも北方のアイヌが使っていた素朴な弦楽器です。「トンコリ」とは、アイヌ語で「響き合う」という意味です。楽器の形は、人間の身体のそれぞれの部分に相当するといわれ、胴体の中には、魂や心臓にあたる小さな石やガラス玉が入っています。昔、赤ちゃんを亡くした女性があまりに悲しむので夫が木を削って赤ちゃんのような形にして持たせたという説もあります。

二年前の冬、私は、知里幸恵の足跡を追って、旭川博物館、アイヌ民族博物館、彼女の学んだ旭川市北門中学校を訪れました。北門中学校の校庭には雪をかぶった「知里幸恵文学碑」があり、資料室には、当時の制服や原稿や写真などが保管されていました。資料室の掲示板に、郷土史研究部の生徒たちの文章がありました。

「昔、カラフトでは、子どもを寝かせる時も、病気を治す時も、敵をやっつける時も、踊る時も、愛を伝える時もトンコリがあった。トンコリづくりを通じて僕たちは、トンコリがアイヌの人たちの生活に深く息づくものであることが分かりました。これからもアイヌの人々の歴史や文化を学び、その火を未来へつないでいきたいと思います」

帰りのタクシーの運転手さんの話。「息子が同じ中学校です。僕が子どものころは、アイヌの人は差別されていましたよ。学校でアイヌ語を話すといじめられるので、家でアイヌ語を話すと親は鞭をもって子どもを追いかけ叩いたそうです」。

知里幸恵が生まれてから百年余が過ぎました。世界中の滅ぼされていく文化を守るために、二〇〇五年十月、国連で「文化の多様性条約」が採択されました。この条約は、「生物多様性条約」ほどは知られていませんが、まぎれもなく二十一世紀の人類の文化発展にとって重要な条約です。

⑩ナチュラルコスメ

今では毛染め染料「ヘナ」は日本で広く普及していますが、「ヘナってなに?」という人が多かった二十年ほど前から、私は、日本とインドを往復する友人からヘナを紹介され愛用しています。

ヘナ染めは美容院では高額のようですが、私は、ヘナを紅茶で溶き、手で髪につけ、一時間ほどラップを巻いてから洗髪するという超簡単安価なヘナ染めをしています。

ミソハギ科植物ヘンナ（Henna）の歴史は古く、古代エジプトでは、ヘナの枯葉でつくった染粉やベニバナ粉で髪を染めていたそうです。インドでは、ヘナは、メヘンディと呼ばれ、薬草の一つとして皮膚病に使われ、また、結婚式で花嫁の手足に模様を描くことでも知られています。

そろそろ年相応に白髪にと思いますが、ヘナにはトリートメント効果があり、髪に「コシ」が出るのでやめられません。

私は、化粧水も水に植物性グリセリンなどを混ぜて作っています。カット綿につけ、三分間、頬、額、顎《あご》に当てることが寝る前の日課です。安価なので、ジャバジャバ使えるのが利点です。

ナチュラルコスメとして、最近ハマっているのが蜜蝋《みつろう》クリーム（BeeWax）です。静岡に住む友人がミツバチを飼っていて、「ミツバチは、可愛いくて賢くて人類に貢献している」と語り、その情熱に感銘し、作り方を教えてもらいました。蜜蝋とは、ミツバチが、六角形の巣作りをする時に腹から出す蝋で、優れた保湿・殺菌・消炎作用があります。

クリームの作り方は簡単で、蜜蝋をひまわりオイルで溶かし、冷めるころにエッセンシャルオイルを入れるだけです。顔、唇、踵、髪など何にでも使え、先日、差し上げた方は、孫のアトピーやあせもにも効いたと喜ばれました。

ミツバチもヘナと同様に歴史が古く、古代エジプト時代から養蜂がはじまり、また、スペインのラ・アラーニャ洞窟の壁画（紀元前六千年）には、ハチミツを採る人の姿が描かれているそうです。

最近、ミツバチの輸出国の豪州で伝染病が発生して、ミツバチの減少が話題になっています。また、アメリカでは「蜂群れ崩壊症候群」という突発的ミツバチ失踪現象が広がり、四分の一の蜂がいなくなってしまったそうです。原因は、農薬、遺伝子組み換え農作物、電磁波、ミツバチの移動のストレスなどが言われていますが、確定されていません。同様な奇妙な現象は日本でも起きているといわれます。ミツバチは人間の科学技術万能社会に順応できず、「家出」して「失踪」し、人間社会に「警告」しているのでしょうか。

現在、私たちは健康や美容のために多くの化学物質を使っていますが、その結果、私たちが自然界の一部であり、その恩恵を受けていることを忘れがちです。

ヘナやミツバチからも多くのことを教えられます。

⑪人生の師・櫛田ふきさん

人生の師と呼べる人を持つ人は幸せです。私の人生の師は、二〇〇一年に百二歳を目前に亡くなられた櫛田ふきさんです。

一九九五年、櫛田さんが話し、私が歌う「ふきとくみこのトークライブ」をはじめました。その時、櫛田さん九十六歳、私は五十一歳でした。それ以来、このライブは、ふきさんが亡くなられる直前まで六年間で十七回続きました。

このライブを通して、私は櫛田さんから多くのことを学びました。「右手にらいてう。左手に日本国憲法」と、百歳にして新ガイドライン（日米防衛協力指針）関連法反対を呼びかけ、車椅子で銀座デモに参加されたその平和への情熱。「私は歳《とし》でみんなをおどかしているのよ」と言われるそのユーモア。

櫛田ふきさんの101歳を祝福（2000年2月20日）

パーティの席を決めるのも「この人とこの人は仲が悪いから隣同士はダメ」と裏方をし、はじまるとサッと主役の顔に変身する見事さ。現在の「九条の会」設立の十年も前に、お住まいの練馬区で「九条の会」をつくられたその先見性。百歳を超えてなお、その場の人を幸せにする簡潔明快なスピーチをされるその感性。最近、年配の方の長い挨拶が続くと、私は、櫛田さんを思いだします。

人はどんな立派な人でも、エネルギーを吸い取られる人には、近寄りたくないものです。でも、櫛田さんは、近寄れば近寄るほど、こちらのエネルギーを湧き出させてくれるような人でした。櫛田さんといると優しい気持ちになり、何か人のため、世のために役に立ちたいという想いになるのでした。

それは、櫛田さんが婦団連（日本婦人団体連合会）の会長という要職にありながら、肩書や組織を感じさせず、いつも一人一人が「ふきさん」と繋がっていたからです。たとえそれが、一万人の「母親大会」の挨拶でも。

私のこのエッセイのタイトル「ゆるゆるふっくり」は、宮本百合子が櫛田さんに贈った言葉です。「あなたを婦人民主クラブの書記長に選んだのは、決して有名な学者の未亡人だからじゃないのよ。二人の子どもを女手一つで育てあげた母としてのあなたの愛と力量を見込んでのことよ」「あせることはないの。ゆるゆるふっくり、そして根強く運動して力をたくわえ、仲間を広げていきましょう」

百合子と櫛田さんは同じ一八九九年生まれ。誕生日は四日違いです。「百合子は五十一歳で死んで、いつまでも若い姿のまま残っているのに、私は百歳過ぎまで生きてしまってシワシワよ」とよくまわりを笑わせていました。

櫛田さんが亡くなられた後も、櫛田さんを慕う人たちで「ありがとうふきさんの会」を、毎年二月に開いてきました。

今年（二〇一一年）は、櫛田さんが亡くなられて十年。それを記念して、二月十三日に婦団連を中心に、四谷プラザFで「櫛田ふき没後十年・私たちのこれから」が開催されます。

櫛田さんのように人を驚かすほどの歳になるにはまだたっぷり時間があります。「ゆるゆるふっくり」と生きていきましょう。

⑫謳いつづけた女たち

昨年（二〇一〇年）から「謳いつづけた女たち」というコンサートをはじめました。年に一回、毎回全曲目を変えて三年連続の予定です。

プログラムの第一部では、外国の歌、暮らしの歌を歌い、第二部の三十分ほどのコーナーで、民族を超え、国境を超え、有名無名、中央（center）、辺境（edge, marginal）を問わず、命の輝きを謳いつづけた女性たちを紹介します。

昨年は、アイヌ民族の誇りを謳い、十九歳で夭折《ようせつ》した知里幸恵。原爆症認定を求めて、八十歳を超えて裁判に立ちあがった中村昭子《なかむらてるこ》。七十歳でカムバックし、そのコレクションが大失敗に終わっても屈しなかったココ・シャネル。盲目のため五歳で瞽女《ごぜ》に入門し、旅芸人として百歳まで歌いつづけた小林ハル。これらの四人の人生を歌物語風に歌いました。

実は、このコンサートの企画は、『しがみつかない生き方』（香山リカ著、幻冬舎）という本を読んだことがきっかけでした。この本を読んで、私も長く歌を歌ってきたけれど、歌にしがみついているのではないかと反省させられ、これからの生き方をしばし自分に問いかけました。

そんな時期に、映画や本でココ・シャネルの壮絶な人生を知ったのです。孤児院で育ったシャネルは、十九世紀後半、自立した女のためのモード革命を成し遂げ、パリに君臨していました。しかし、一九五四年、シャネルは、十五年ぶりのコレクションを開催し、「流行遅れ」と酷評され大失敗。この大失敗後のシャネルに私は惹かれたのです。「私はモードが好きではなく、仕事が好きだった。仕事をし

「謳いつづけた女たち」コンサート(2010年10月、東京・高円寺)

ていなければ私は幸せではない」と、死ぬ前日まで仕事を続けたシャネル。このシャネルの栄光と惨《みじ》めさに満ちた生き方に、「しがみつかない生き方」で逡巡していた私の内向き志向は吹っ飛びました。

どんなに大金持ちでも超有名人でも、また、貧しくても無名でも、人の幸せは、その人らしい「仕事」をしながら生きていくことだ。私は歌うことにしがみついていこう。

そう思った時、私の四十年余りの歌手生活を振りかえると、私を励ましてくれたのは、世の不正義に対し勇気を持って声をあげ、過酷な運命にもかかわらず自ら歴史を切り開いてきた女性たちだったことを改めて思いだしました。

これまで私は、「薬害スモン訴訟」「じん肺訴訟」「原爆症認定訴訟」に、それぞれ十年単位でかかわり、その中でたたかう女性たちの姿に感動し、歌をつくって支援してきました。そんな日本の女性たちも、フランスのココ・シャネルも、時代に挑戦して声をあげてきた点では同じではないのか、そんな彼女たちを「謳いつづけた女たち」として、歌物語風に表現してみようと思ったのです。

今年（二〇一一年）は、アイルランドのケルト妖精物語の女性、「じん肺」に冒された夫を支えた妻、アンネ・フランクと同じような境遇から女優になったオードリー・ヘップバーンなどを歌う予定です。私が惹かれてやまない女性たちを歌に託して。

（『女性のひろば』２０１０年５月号〜２０１１年４月号）

第2章　歌、うた、詩で
半世紀

「50 周年記念コンサート」パンフレットの表紙

［ライブ］横井久美子50周年記念コンサート

２０１９年７月21日（日）
なかのＺＥＲＯ大ホール

第一部

私に人生といえるものがあるなら

笠木透 作詞／アメリカ民謡

私に人生といえるものがあるなら　あなたと過した　あの夏の日々
きらめく草の葉に　心がはずみ　野に咲く花に　心が通う
私に人生といえるものがあるなら　あなたと過した　あの夏の日々
愛していたのに　あなたは消えた　信じていたのに　何故か解らない
私に人生といえるものがあるなら　あなたと過した　あの夏の日々

許されるのなら　やり直してみたい　出来ることなら　あの日に帰りたい

私に人生といえるものがあるなら　あなたと過した　あの夏の日々

もう、こんなにたくさん来てくださって。この50周年のコンサートを企画したときは、この半分くらいかなと、それでもやるぞ、やろうと思いました。そして最近知り合った方が、私よりちょっと年上の人なんですけれど、生きているうちに歌を聴いておかなくちゃと言われて、その生きているうちにというのはその人が生きているうちにということだと思ったら、横井久美子が生きているうちにという話になって、えー私そんな年になったのと、自分でも自覚しました。

今日ここにおいでくださった方は、あくびをしても、空から放射能や爆弾などそんなものが飛んでこない、そういう世の中を……それはささやかな願いですけれども、そういう方ばかりですよね。

あくび

谷川俊太郎 原詩／横山作栄 作詞・作曲

ぼくは40　君は10歳　としはすこし　離れているけど
同じ時代の　同じ国に　ぐうぜん一緒に生きてる

ぼくは40　君は10歳　習った教科書は　少し違うが
昔も今も地球はまわって　朝がくれば　おはようなのさ

やがて君は40歳　ぼくは70　時は過ぎて
その時もその時も　空が青いといいんだが
一緒にあくびができるように

もう子どもたちが小さい頃つくった歌です。子どもを二人自転車に乗せて、保育園に通っていました。おやこ劇場でコンサートしたら、女の子が寄ってきて、「横井さん、うちのお母さんは横井さんに勝ったよ」と言うのです。「えっ、なんで?」と聞いたら、「うちのお母さん三人乗せてたから」。いきましょう、『自転車にのって』――

自転車にのって

横井久美子 作詞・作曲

おくさん　待ちなさい　おくさんって　私のことかな
パトカーが　寄ってきて　おくさん　荷物を
すこしへらして　すこしへらして　あぶないですよ

わたしといえば　前にうしろに　子どもが二人
そのうえ今日は　金曜日　シーツにパジャマに　よごれもの
通園バックに　通勤バックに　かいもの袋

自転車がなかったら　私のくらしは　すすまない
自転車にのっているときが　母親らしく
子どもとおしゃべり　子どもとおしゃべり　たのしい時間

朝は朝で　夫と子どもをたたきおこし
早く着替えなさい　はやく　はやく
お便所に行きなさい　残さないで食べなさい　歯をみがいて　顔を洗って
ぐずぐずしないで　遅れてしまうでしょ

夜は夜で　洗たく　お風呂に　あとかたづけ
絵本をよんでやって　ネンネンコロリヨ
ねむくなるのは　ねむくなるのは　いつでも私

雨がふれば　忍者のように　身をつつみ
雪がふれば　スッテンコロリと
親子三人　親子三人　飛びこむ雪の中

自転車がなかったら　私のくらしは　すすまない
自転車にのっているときが　母親らしく
子どもとおしゃべり　子どもとおしゃべり　たのしい時間

こういう時代を過ぎた方ばっかり、でもそんなことないな、小さいお子さんを連れていらした方もいます。

こういう歌を歌っていると横井久美子さんは歌も長く歌っているようだけど、ちゃんとおうちのこともやっていたんだなあと思いませんか？　私がこんな風にうたっていたら、息子が小学校低学年の頃、「お母さん、自分がすごく立派な母親であるようなことを日本中にふれまわっているようだけど、おうちにいるお母さんと全然違うじゃないの」とこういう替え歌を作りました。

朝は朝で　お父さんとお母さんをたたき起こし
早くしてね　早く早く　お弁当作ってよ　朝ごはん食べさせてよ
ぐずぐずしないで　遅れてしまうでしょ

こんな風に歌っていたら、息子が小学校高学年になりました。「僕は日々大きくなっているんだ」と言って、またこういう替え歌を作りました。

朝は朝で　お父さんとお母さんを寝せておいて
一人でご飯食べて　新聞取ってきて
テレビをちょっと見て　一人で行っちまう

息子も高校生になりました。どうも私たちが過ごした高校生と全然違う、息子はとても軟弱に育ったかなと思って、またこういう替え歌を私が作りました。

朝は朝で　たたき起こしても起きないで
朝っぱらからシャンプーし　鏡を見ながら　ムースをつけてる
そんなことするより体を磨け　心を磨け　朝飯食べてゆけ

うちの息子も社会人一年生になりました。中学、高校、大学って大変でしたね。やっと社会人一年生になった。その息子を見て、またこういう替え歌を作りました。

朝は朝で　モーニングコールを頼まれて
早く起きなさい　早く早く　やっと入れた会社じゃないの
私はいったいいつまでいつまで　アンタの親なのさ

今までいろんな歌を作ってきました。この世の不正に怒る心も、そしてとっても身近なものを愛する心、それはひとりの人間にすべてある、そんなふうに思ってきました。

娘が小さい時、小学校五年生の女の子の作文を見て、ああ、うちの娘もこんなにかわいい心持ちの女の子になったら良いなと思って、作文を短くして歌を作りました。なみちゃんという女の子とお母さんのお風呂の中でのお話です。

なみちゃん

刈谷美津子 原詩／横井久美子 作詞・作曲

おかあさんに　いつか　きいてみようと思ってた
おかあさんの　足の　とてもひどい　傷あとのこと
お風呂にはいって　おもいきって　きいてみた
おかあさんは　足を　洗いながら　話してくれた

若い頃　田舎で　草取りをしていたら
大きな　まむしに　ここをかまれてしまったのよ
あたりには　誰もいず　たすけて　とさけんだら
見知らぬ　男の人が　ちょうど通って　たすけてくれたのよ
おかあさん　よかったね　その人がいなかったら
おかあさんは　そのとき　死んでいたかもしれないね
おかあさん　その人は　今どこに　住んでいるの
おかあさんの　生命を　たすけてくれた人は
なみちゃん　その人は　そこにすわっている人よ
私はおどろいて　うれしくて　涙がでてきた

今の時代、ほんとうに子育てって虐待、もう親がどう子どもを育てていったらいいかわからない、そんな時代に入って、たぶん私たちが子育てしていた頃より、ほんとうに大変ですね。でも私たちは私たちの時代で、親というのはその頃思っていたのは、今日まではよい子だったけど、明日からはどうなるかわからない、そういう不安をずっと抱えながら、子育てをしてきました。息子が中学の時に作った歌です。私の息子へ。

My Son

横井久美子 作詞／宮原尚・横井久美子 作曲

両手広げかけてきた　幼いあなた　今は何をためらっているの
閉ざされたこの時代に出会い　何をうつむいているの
石になった心みえるけど　何もしてあげられない
抱きしめるにはあなたは　大きくなりすぎたわ
忘れないで　友だちや名前きざんだ庭の木
そしてあなたには　とても勇気があることを

口をむすびさよならした　幼いあなた　今は何をうなだれているの
傷ついたこの時代に出会い　どこをみつめているの
涙に濡れた夢みえるけど　何もしてあげられない
頬ずりするにはあなたは　大きくなりすぎたわ

忘れないで　屋根裏部屋やこわれたままの飛行機
そしてあなたには　とても勇気があることを

もう母が亡くなってずいぶんになります。母は花がとっても好きで、いっしょに花屋さんに行くのが楽しみでした。着物を着ていた母の袖に手を入れて、花屋に行きました。

音楽が好きな私をずっと支えて、貧しい家でしたけれど、音楽大学まで送ってくれた。生きていたらもっとありがとうと言わなければいけないのですが、母親って、ちょっと矛盾していますけれど、自分が生きている間は生きていてほしい。変ですね、順番ですけど。それぐらい母は存在が大きいと思います。『母に贈る言葉』――

母に贈る言葉

横井久美子 作詞・作曲

春が来て　花が咲くと　思い出すあの面影
悲しみが押し寄せてくる夜　よみがえるあの温もり
ほそい腕　痩せた背中　いつも働いていたあの姿
どんな時にも　愛してくれた　母に贈る　ありがとう

秋が来て　落ち葉踏む時　思い出すあのまなざし
寂しくて不安な夜　よみがえるあの温もり
小さな手　静かな声　いつまでもそばにいてほしかった
どんな時にも　支えてくれた　母に贈る　ありがとう
この世に生命　送ってくれた　母に贈る　ありがとう

今はバツイチとかバツニとか離婚する人は珍しくないんですけれど、三十年四十年前はそうじゃなかったんです。でも離婚した友人が「私の人生これで終わりじゃないの」と言っていた。なんて潔い女性だろうと思った。それがきっかけで作りました。でも、私もいろんなことが四十代の後半にあって、たぶん谷が深ければ深いほど、山は高い。いつも自分が谷にいるなと思った時、それが人生のはじまりと思うようにしよう。そんなこともありました。『人生のはじまり』——

人生のはじまり

横井久美子 作詞・作曲

久しぶりに逢ったあなた　幸せなのね　一目でわかるわ
いまもあの人とくらしているの　ステキになったみたい
裏切りだなんて　思っていない　二人が変わったのよ

ただ偽りのないことが　私のすくいなのよ
このまま人生の幕はひけないと　風が私にささやいたのよ
いつでも今が人生のはじまりと　風が涙をさらっていったわ

子どもたちにしばらくは　逢ってほしくないの
わたしだけでも大丈夫　いい子に育てるわ
別れた頃　まわりの目が　とても痛かったわ
こんなわたしが　泣いたなんて　あなた笑うかしら
このまま人生の幕はひけないと　風が私にささやいたのよ
いつでも今が人生のはじまりと　風が涙をさらっていったわ

あなたおぼえているかしら　こんなふうに　肩をならべ
川のほとりを　歩きながら　人生を語ったわね
あなたに出会い　いっしょにくらし　そして別れが訪れたけど
今はわたしも　幸せなの　ひとりで生きて行くわ
このまま人生の幕はひけないと　風が私にささやいたのよ
いつでも今が人生のはじまりと　風が涙をさらっていったわ

おいで一緒に

パブロ・ネルーダ 原詩／ディナ・ロット 作曲
笠木透 訳詞

わたしの国には　山がある　おいで一緒に　わたしたちと
わたしの国には　川がある　おいで一緒に　わたしたちと

山にのぼるのは　悲しいから　おいで一緒に　わたしたちと
川をくだるのは　淋しいから　おいで一緒に　わたしたちと

わたしの国には　山がある　おいで一緒に　わたしたちと
わたしの国には　川がある　おいで一緒に　わたしたちと

苦しみばかり　つづくとも　おいで一緒に　わたしたちと
わたしと同じ　あなたたち　おいで一緒に　わたしたちと

わたしの国には　山がある　おいで一緒に　わたしたちと
わたしの国には　川がある　おいで一緒に　わたしたちと

この闘いは　きびしいだろう　けれどあなたは　ゆくだろう
この生き方は　きびしいだろう　けれどあなたは　ゆくだろう

わたしの国には　山がある　おいで一緒に　わたしたちと
わたしの国には　川がある　おいで一緒に　わたしたちと
わたしの国には　辺野古がある　おいで一緒に　わたしたちと
わたしの国には　高江がある　おいで一緒に　わたしたちと

おいで一緒に　わたしたちと

「おいでいっしょにinくにたち」のみなさんでした。

あなたをみていると

横井久美子 作詞・作曲

あなたをみていると　素晴らしい人生が

私にもおくれそう　そんな気がしてくる
あなたをみていると　年をとるとともに
美しくなれる　そんな気がしてくる
あなたは今日で百二十歳
おめでとう　素晴らしい人生

あなたをみていると　いくつもの人生が
私にもみえてくる　そんな気がしてくる
あなたをみていると　女のつらさなんか
ふきとんでしまう　そんな気がしてくる
あなたは今日で百二十歳
おめでとう　素晴らしい人生

あなたをみていると　日本の女たちの
自由への叫びが　私に聞こえてくる
あなたをみていると　世界の女たちの
平和への祈りが　私に聞こえてくる
あなたは今日で百二十歳

(「50周年記念コンサート」の本章写真／有原誠治)

おめでとう　素晴らしい人生　おめでとう　ふきさん

降る星のごとく、櫛田ふきさんに愛され、今があります。

この方の朗読を四十二年前に聞きました。こんな方になれたらと思いました。九十二歳の井尻光子さん、札幌から来てくださいました。

井尻光子さんの話

飯場女のうた。二十五年と口で言えばなんと短い。二十五年目を迎えた芦別の闘い、苦しみ、悲しみ、喜び、そうして学んだ長い長い二十五年でした。闘いの中でたくさんの仲間を知ったとき、私だけの悲しみでないことを知ったとき、私は幸せでした。

一番大きな悲しみ、それは最愛の夫を失い、最愛の娘を失ったときでした。私は今でも皆の前で言います。この人が私の夫です。この素晴らしい人が私の夫です、と。恥じらう気もなく、ためらいもなく、それほど良い人でした。その人はもういない。「なぜ私をおいて死んでしまったの」。苦しい時、わたしは写真に愚痴を言う。「すまない、許してくれ」――写真の声で私の気持ちは落ち着く。

炭鉱の飯場女だった私が、夫に代わって全国を訴え歩く。無実の判決を聞かずに死んだ夫の話。夫の死後、死なせた娘の話。私は涙を抑えることが出来ない。堪えても堪えても抑えられぬ涙。「よしこ、許しておくれ。この事件のために犠牲にされたことを」。胸の中で叫びながら私は訴え歩く。「母さん、髪、白くなったね」。札幌に残してきた娘のゆきえは言う。それもそのはず、いつのまにか五十歳になってしまった。ゆきえの言葉に私はギクッとする。「私の母さんはおとこ女です。裁判に勝って、おとこ女でない普通の母で、私だけの母で帰ってきてほしい」。権力に奪われた夫と娘のために訴え歩いた私の二十五年。いつの間にかおとこ女になってしまった私。母らしくない母になってしまった私。

末の娘の娘らしい言葉にただうなずくしかない私だけど、どうして黙っていられよう。これは犠牲というほかない。私たちは爪の垢ほどの落ち度もないのに、この世に二度とあってはならない苦しみを、無罪の判決が宣告されてもそれを認めようとしない者たちの手で仕組まれた苦しみ。どうして黙っていられよう。どうして訴えずにいられよう。彼らの息の根を止めるまで私は訴えずにはいられない。

飯場女のうた

井尻光子 原詩／横井久美子 作詞・作曲

長い長い二十五年　いろんなことがあった
いつのまにか　五十をすぎ　髪も白くなった
私の人生は　怒りの連続だった
二十五年前の　あの日から今日まで

あの日　鉄道が爆破され　夫が捕らえられた

そして夫は　罪をきたまま　死んでいってしまった
仕組まれた事件で　夫に罪はないと
無罪の判決も　聞かずに死んでいった

夫にかわって日本中を　訴え歩くあいだに
家に残した　十歳の長女を　死なせてしまった
母親らしいこともできず許してほしい
あの時母さんも　死んでしまいたかった

私は芦別炭鉱の　飯場女だった
おとこ女の母さんと　下の娘はいう
早く裁判に勝って　普通の母さんになって
帰ってほしいと　札幌で待つ娘

長い長い二十五年　いろんなことがあった
いつの間にか　五十をすぎ　髪も白くなった
権力にうばわれた　夫と娘をおもえば
黙っていられなかった　私の二十五年

筑豊の子守唄

大野隆司 作詞／岡田京子 作曲

御底から百斥スラにない
闇をつんぶるうて　乳ふくませる

親のバチならうけてもよいが
腹をいためた子に　難儀はさせぬ

遠賀川土堤　野焼きが過ぎりゃ
ひもじさわすれて　つくしんぼ探す

はぜの実よりもまっかにもえろ
死んだヤマみおろす　烏尾峠

親の在所を恥じてはならぬ
マブベコひとつで　おぬしを背負うた

陥没のまちのわかれのつらさ
巣立ちゆく子らに　春よみがえれ

目がみえなくて、三味線を持って門付《かどづ》けをして歩いていた瞽女《ごぜ》さん。ＴＶやラジオがない頃、私たちの楽しみでもありました。五歳で失明した小林ハルさんに、それまでに見た景色で何が一番印象的ですか？　と聞いたら、椿の赤い色とげんぼし……ギボウシの青い色と答えました。百五十センチくらいのとってもちっちゃなハルおばあさんでした。野に生きて野にうたったハルさんに弟子入りしようとおもったんですけれど、目の見えないその世界の広さに圧倒されて帰ってきました。この歌をうたうとハルさんが側にいるようです。

赤い椿と青いげんぼし

田中暢 作詞／横井久美子 作曲

闇を背負って七十年　好きで始めた商売じゃない
旅はそりゃきついもんさ　ただ私らの歌を聞きたいと
待ってる人が多勢いた　だからひたすら旅をした
※　今でも鮮やかに覚えているよ

椿の赤と　げんぼしの青
それも七重にも　八重にもなって見えた
赤い椿と青いげんぼし
赤い椿と青いげんぼし

闇を背負って七十年　芸は売っても操は売らぬ
私ら金では転びません　だるま芸者とは違うのさ
私のようなつたない　恥ずかしい芸でもね
※　くり返し

闇を背負って七十年　あの戦争が恨めしいよ
一人一人いなくなって　気がついたら私ら三人に
でも人に情かけていれば　いつかいい事あるだろうさ
※　くり返し

闇を背負って七十年　もしももう一度生まれ変われるなら
あの日の普通の娘になり　懐かしい瞽女宿の人達を
ひと目この目で見てみたい　叶わぬことと思うけど

※　くり返し

私はこの五十年、大きな全国訴訟に関わって歌をつくってきました。原告の方からたくさん学びました。先程の井尻さんもそうなんですけれども、この世の不公正、不正義に対して裁判を通して声をあげるという、そういうことがあってこそ、今の私たちの人間としての権利が守られている。そういうことを学びました。

そして、一緒にそれを支えた、勝利に導いた弁護団の方たちからも学びました。僭越ですけれど、その弁護団の先生方を私は同志と呼びたいと思っています。今日はその同志の先生四人をご紹介します。どうぞ。

鈴木堯博さん（スモン訴訟東京弁護団）
三上直子さん（新・北海道石炭じん肺訴訟弁護団）
中川重徳さん（ノーモア・ヒバクシャ訴訟弁護団）
尾藤廣喜さん（ノーモア・ヒバクシャ訴訟弁護団）

鈴木堯博さんの話

一九六〇年代の高度経済成長期に、製薬企業が利潤追求のために整腸剤キノホルムを大量生産、大量販売した結果、全国で悲惨な薬害スモンが多発しました。人間の尊厳をふみにじられた被害者たちは、人間らしく生きる権利の回復をもとめて裁判を起こし闘い抜きました。

『ノーモア・スモンの歌』は被害者に生きる力を与え、バラバラだった被害者の思いをひとつにまとめて、スモン全面解決を勝ちとる大きな力になりました。薬害スモンの闘いは国を大きく動かし、薬事二法を制定させて薬害根絶のための礎《いしずえ》を築きました。『ノーモア・スモンの歌』はまさに被害者の闘いの勝利の記念碑であり、金字塔であります。

ノーモア・スモンの歌

横井久美子 作詞・作曲

道端の小さな　花でも生きている
土に住む小さな　虫でも生きている
そんな姿に　生きる力を　とりもどしたけれど
こんな苦しみは　二度と　この世におこしてはならない
こんな苦しみは　もう　わたしたちだけでいい

おかされたこの身の　目となり足となり
長い日々はげまし　つくしてくれた人
そんな姿に　生きる力を　とりもどしたけれど
こんな苦しみは　二度と　この世におこしてはならない

こんな苦しみは　もう　わたしたちだけでいい

ビラをもつこの手を　にぎりしめてくれた
街をゆく人たちの　さりげないやさしさ
そんな姿に　生きる力を　とりもどしたけれど
こんな苦しみは　二度と　この世におこしてはならない
こんな苦しみは　もう　わたしたちだけでいい

この国に再び　薬害おこすなと
ともにたちあがった　たくさんの人たち
そんな姿に　生きる力を　とりもどしたけれど
こんな苦しみは　二度と　この世におこしてはならない
こんな苦しみは　もう　わたしたちだけでいい

夫へのバラード

横井久美子 作詞・作曲

いつか二人で旅をしようと　果たせず逝ってしまった

むごい病気に疲れ果てて　やっと楽になったあんた
父さん今はもう　夜がきても大の字になり
ゆっくりゆっくり息をして　眠っていますか

息が吸えない　息が吐けない　酸素の管をいつも
なんでこんなに酷い体に　悔し涙ながしたあんた
父さん今はもう　夜がきても大の字になり
ゆっくりゆっくり息をして　眠っていますか

長いあいだ苦労かけて　ありがとう済まなかったと
そばに居ても何もできず　背中さするだけでごめんね
父さん今はもう　夜がきても大の字になり
ゆっくりゆっくり息をして　眠って下さい

三上直子さんの話

生きるとは息をすること。じん肺で肺をおかされ、息をすることもままならなくなってしまったじん肺患者は息ができなくなり、やがては死を迎える。死ぬことによってしか、じん肺の苦しみから逃れる術はない。

昭和五十四年、長崎北松の四十五名のじん肺患者は、じん肺加害企業である日鉄鉱業の責任をもとめて、全国で初めて集団訴訟に立ち上がった。続いて筑豊、北海道、常磐、北茨城の元炭鉱労働者が立ち上がった。

横井さんは全国各地のじん肺患者に寄り添い、被害者の壮絶さとその責任を果たすべきは誰なのかを、歌を武器にして社会に問うた。炭鉱は日本国内からなくなったが、今でも毎年千名を越える労働者がアスベスト粉塵で倒れている。じん肺は続いている。闘いはまだ終わっていない。

中川重徳さんの話

原爆の放射線はがんや白血病、心筋梗塞や甲状腺、肝炎などあらゆる病気を被爆者に発症させ、被爆者を苦しめました。国は原爆投下から十年以上も被爆者を放置して、ようやく被爆者健康手帳の制度をつくり、のちに原爆症認定制度をつくりました。しかし、この制度の元でも一％にも満たない人しか原爆症として認定されない、被爆者切り捨ての行政が続いたのです。それは核兵器の残虐性を少しでも小さく見せたい、そのためでした。原爆症認定集団訴訟は、被爆者切り捨て行政に、全国の被爆者が二〇〇三年に高齢と病を押して起こした裁判です。

裁判で、国はにせものの科学をふりかざして被爆者の声を押しつぶそうとしました。そんな時、横井さんが『にんげんをかえせ』と歌って励ましてくれました。

いまだに国は核兵器廃絶に背を向け、被爆者は救済されていません。ノーモア被爆者訴訟は今でも続いています。

にんげんをかえせ

峠三吉 詩／アメージンググレイスより
尺八 尾藤廣喜

ちちをかえせ　ははをかえせ
としよりをかえせ
こどもをかえせ

わたしをかえせ　わたしにつながる
にんげんをかえせ

にんげんの　にんげんのよのあるかぎり
くずれぬへいわを
へいわをかえせ

第二部

世界中の愛をあつめて

横井久美子 作詞・作曲

愛ってなに　愛ってなんだろう　愛ってなに　愛ってなんだろう
愛は思うこと　隣にいる人を　愛は微笑むこと　好きな人に
愛は感じること　人の優しさを　愛は伝えること　ありがとうと
世界中の愛を　あなたにあつめたら　世界中の愛が　ふりそそぐだろう

愛ってなに　愛ってなんだろう　愛ってなに　愛ってなんだろう
愛は願うこと　美しい地球を　愛は信じること　未来の世界を
愛は求めること　あなたの幸せを　愛は考えること　みんなの幸せを
世界中の愛を　あなたにあつめたら　世界中の愛が　ふりそそぐだろう

実は、あの……こういうことは言いたくないのですけれども、衣装を忘れてきたんですよね、二部の。それで今日早く夫が来ているので、ともかく「これとこれとこういうものだから」と言って取りに行ってもらったんですよね。だから彼はたぶん一部はあまり聞いていないと思うのですけれども、やっと間に合ったというかね、でも、やっぱり違うの持ってきたんですよ、でもまあ、いいですよね？はい、いいでしょうか？（拍手）

七十歳近くになって、ネパールのサチコール村に行きました。一回きりと思って行って、コンサートしたのですけれども、もうその村人や子どもたちのすごさに魅了されて、一年に二回ぐらい行くようになって、本も書き、ドキュメンタリーもつくりました。その私にとっても大きな幸せを与えてくれた、サチコール村の青年たちが四日がかりで来日してくれました。みなさんどうぞ。

私をサチコール村に導いてくれた、桜井ひろ子さんです。

「ナマステー」。人間の原点の豊かさに満ちあふれたサチコールから六人がやってきました。なんか、みなさんと共にここにサチコール村の豊かさにつつまれている思いで幸せです。ありがとうございました。

村のリーダーの、

「ハイ、ワタシノ、ナマエハ、ダン、デス」

はい、いくつですか？

「四十一サイ、デス」

「ハイ、ワタシノ、ナマエハ、レカ、デス。四十五サイ」

「ワタシノ、ナマエハ、ホーリー。十六サイ」

ホーリー、ちょっと大きくなりすぎてるよね。ホーリーのかわいい頃の写真、出してください。

もうね、自分で竹を取ってきて、自分で笛をつくるという、今日持ってきているものも彼が自分でつくりました。本当はもっとかわいいまんまが好きなんですけれども……どうぞ。

「ワタシハ、ナマエハ、ルビン、デス。十七サイ」

「ワタシノ、ナマエハ、ジャナック、デス。二十五サイ」

「ワタシノ、ナマエハ、クッソン、デス。十三サイ」

彼らがもう少し小さかった頃のドキュメンタリーをつくっていますので、ぜひ、またそれをご覧になってください。

ネパールにはこの歌しかないというくらい有名な『レッサン・フィリリ』という歌があるんですけれども、それを皆さんでやってもらいましょう。

レカさん、踊りをお願いします。

レッサン・フィリリ

横井久美子 日本語歌詞

飛んでゆこう　飛んでゆこう
絹のような　風になって　飛んでゆこう

ルルルルー　ルルルルー

みんなおいで　あなたも　あなたも　風になろう
絹のような　風になって　飛んでゆこう

ありがとう。ナマステー！

＊

『戦車は動けない』――
チャン・フォン・リエンさんの話

この歌、この歌ですよ。私はこの歌を聞きながら泣いています。私はチャン・フォン・リエンといいます。ベトナム中部のフエで、リエン日本語教室をやっています。子どもの頃、私はハノイで家族と一緒にいました。小さい頃から足が病気で歩けなくて、出かけられませんでしたから、学校が終わってから拡声器、ラジオじゃなくて、あの時はお金持ちの家族だけがラジオを持っていました。拡声器は私のただひとつの親友でした。いつも勉強したり、家事をしたりしながら拡声器を聞きました。

あの拡声器のおかげで、国と世界のニュースがわかって、音楽も聞きました。一九七五年頃は、ベトナムの南での戦争がとてもひどい頃でした。私は拡声器で聞いた日本人の歌手がハノイに来て、その「戦車の歌」を歌っていると教えられました。その歌が『戦車は動けない』で、アメリカの軍隊が日本の基地から戦車をベトナムの南に運んできて、子どもらをねらっている、罪のない人を殺さないで、という意味でした。

あの時、私は全然日本語がわかりませんでしたが、意味を教えてもらって、特にあの歌の歌手が、ギターを弾きながらのあの歌手の歌がとても素晴らしくて大好きでした。その歌を繰り返し歌って日本語が好きになって、独学で日本語を勉強しました。たくさんの日本人の友だちができて、あの歌手を知っていますか？　あの歌手はまだ生きていますか？　と日本から来た人に聞いていました。みんな「知らないねー」と答えました。でもあの不朽の戦争の歌はいつも私の心の中にありました。

ある日、素晴らしいことがおこりました。横井久美子歌手が日本で活躍していることがわかったのです。奇跡がおきたのです。二〇〇七年、私は三十四年の間探し続けていた横井久美子歌手と会ったのです。とても感動しました。それ以来、横井久美子歌手は毎年フエに来てくれて、私の生徒たちと交流し、支援してくれています。ベトナムと日本をつないでくれた歌手に感謝します。この歌を生み出した日本のみなさんの戦車闘争に感謝します。そして、ハノイに来て歌ってくれた横井久美子歌手に感謝します。ありがとうございました。

戦車は動けない

門倉さとし 作詞／青山義久 作曲

戦車は動けない　このまちの橋をわたって
銃口をベトナムに　子どもらをねらいうつ
戦争は通さない　戦車は動けない

戦車は動けない　このまちの夜をゆさぶり
血のにおいをキャタピラに　ベトナムをねらいうつ
戦争は通さない　戦車は動けない

戦車は動けない　この国の若者たちは
恋人をひきさいて　平和をねらいうつ
戦争は通さない　戦車は動けない

戦争入門 ―ブレヒトによせて―

横山作栄 作詞・作曲

オエラガタが平和を口にすると　戦争がおこるのだと覚えておくがいい
オエラガタが戦争を口にすると　召集令状はすぐに届くだろう
街をゆく男たちよ　すべての希望捨てるがいい
最後の手紙を恋人に出すがいい

オエラガタが何やらはじめたのさ　秘密の部屋に集まり夜遅くまで
オエラガタはきっとこう言うだろう　墓石にあんたの名を書いておきました
街をゆく男たちよ　すべての希望捨てるがいい
最後に手紙を恋人に出すがいい

娘たちが恋人と二人だけで　二人だけで愛を語る　夜を共にする
娘たちは何も知らないのだ　子どもが生まれたとき父親はいない
街をゆく男たちよ　すべての希望捨てるがいい
最後の手紙を恋人に出すがいい

アイルランドという国が……私の第二の故郷みたいでして、毎年、毎年行って、むこうで留学して勉強もしました。八百年にわたってイギリスに植民地にされ、イギリスが革命をしていた時には山の木も宗教も言葉もうばわれ、そういう悲惨な目にあってきました。ケルト語でできた歌が英語になり、そして日本語にしました。

よみがえれ我が大地 —cill chais より—

横井久美子 日本語詞／アイルランド民謡

今はもうあれ果てた　ふるさとのあの森
山もなく　谷もなく　せせらぎも消えた
命あるものみな　奪われた地よ
ただ残っているのは　石や岩ばかり

陽が西に沈んでも　虫の声もせず
朝日とともに聞こえた　鳥の歌も絶え
命あるものみな　奪われた地よ
よみがえれ我が大地　ふたたびこの手に

人が何か死ぬ時、悲しくて涙を流しますよね。昔、『旅芸人の記録』という映画を見た時に、小さな旅まわりの少人数の劇団ですので、黒い棺を埋める時にまわりに数人パラパラいた。こういう黒いヴェールをかぶった人たちが、棺が埋められる時に拍手をしたんですね。で、それを見て、「そうか、生きて、十分生きて死ぬということは、拍手でもって送られることだ」と思ってつくった歌です。私が死んだら拍手してください。

風の中のレクイエム

横井久美子 作詞・作曲

涙はやめて　拍手をおくろう
昔　映画でみたあの場面
名もない役者の　野辺おくり
ギリシャの白い空の下　埋められる柩
悲しみの黒い群れから　突然ひとつの拍手
そうさ人生は　まるで舞台のようなもの
誰だって命がけさ　幕がおりるまで
だから涙はやめて　拍手をおくろう

風のように生きたあの人に
涙の別れは　似あわない
ひとつ長い夢をみて　ひたすらに生きた
人は去り　時は流れ　それでも　夢みていた人
そうさ人生は　まるで舞台のようなもの
夢を求め求めつづけ　そして幕はおりる

だから涙はやめて　拍手をおくろう
風のように生きたあの人に
涙の別れは　似あわない

涙はやめて　拍手をおくろう
風のように生きたあの人に
拍手をおくろう

私たちは今、すごいひどい時代に生きていて、この六年半の安倍政治の中で、本当に人々が苦しめられ格差社会が広がっていって、それも人をせせら笑ったり、人をおとしめたり、そういうことをすることで、自分の地位を保っているというような、ちょっと考えられないような人がこの国の首相になっている。こんなとっても陰うつな感じが自分の中にあるんです。いつもいつもそういう感じがあります。そういう時に何に希望を持ちますか？　いろんなことが皆さんもあるでしょうし、私もひとつだけではないですが……

一九九四年にネルソン・マンデラ大統領が誕生しました。ネルソン・マンデラ、南アフリカ人種隔離政策に反対する弁護士。反対の声をあげていたために二十六年間も牢獄に。そして、世界中の声が届いて釈放され、大統領になりました。そういう人を見ていると、「そうか、負けてはいけない、あきらめてはいけない」そういうことを思います。

ネルソン・マンデラさんの釈放のことを歌った『アシンボナンガ（姿がみえない）』、これはズールー語で、彼はどこへ行った、どこにも姿がみえないじゃないかと、そういう歌です。

アシンボナンガ（姿が見えない）

ジョニー・クレッグ 作詞・作曲／横井久美子 日本語詞（省略）

※大意（渡辺淳 訳）

我々には見えない　マンデラの姿が見えない
彼はどこに　彼はどこに居るのか
海は冷たく　空は灰色　島の向こうの入江をのぞきこむ

荒れ狂う海を渡るその日が来るまで　私達は誰もが島
かもめは海の上を渡って行く　静けさが破られることを私は夢見る
誰が我々の間の隔たりを　縮める言葉を知っているのか

スティーブン・ビコの姿が見えない　我われの兄弟の姿が見えない
彼はどこに　彼はどこで死んだのか

ヴィクトーリア・メヘンゲの姿が見えない　我われの姉妹の姿が見えない
彼女はどこへ　彼女はどこで死んだのか

ニール・アゲットの姿が見えない　我われの兄弟の姿が見えない
彼はどこに　彼はどこで死んだのか

私は言いたい　きみ　諸君　目指すものを手に入れるには
どこへ行けばいいのか　我々はどこへ行くのか
我々はどこへ行こうとしているのか　自由を手にできるのはいつなのか

一九七五年にベルリンの音楽祭に行って、二つの歌を聴きました。そして日本に紹介しました。一曲目は、一九七四年にリスボンで「リスボンの春」といわれる無血革命が起こって、「カーネーション革命」ともいいますが、そのことをジョルジュ・ムスタキがつくった歌を、そのベルリン音楽祭で聴きました。『四月のカーネーション』――

四月のカーネーション

G・ムスタキ 作詞／C・ヴァルキ、R・グエッラ 作曲
斉藤暎子 原訳／横井久美子 訳詞

暗い顔して　五十年ものあいだ　ただ瞳だけは　きらめいていた
すりきれた布は　もはや脱ぎすて　悲しみは　風にまいあがる
国じゅうにあふれるカーネーション　燃えあがる四月のポルトガル

自由がほほえみ　自由が躍り　そして自由に　勇気づけられた
武器の尖を　花でかざり　こぶしをかためる　あなた
国じゅうにあふれるカーネーション　燃えあがる四月のポルトガル

そのフェスティバルで聴いたもうひとつの歌が、『The Town I Loved So Well』という歌です。そ

の歌を私は『私の愛した街』という題名にして、ずっと歌ってきました。

毎年アイルランドに行って、向こうのデリーで起きたことを記念碑の前で歌っていると、BBCの放送に出ることになった。そこで「どうして遠くの日本から来て、日本の人がそんな歌をうたうのですか?」と聞かれます。私は、「日本の人はこの歌を好きなんですけど、世界中どこでも自分をいつくしみ育ててくれた、そういう街が蹂躙《じゅうりん》されたりしたら、必ず声を出して立ち上がるんじゃないでしょうか」と答えたりします。

私の愛した街

フィル・コルター 作詞・作曲/横井久美子 訳詞

思い出の中にいつまでも　生きつづける私の街
けむくてくさい　ガス工場　笑いころげて遊んだ
雨の中　夕べの道　走って帰ったものだよ
刑務所のわきをとおり　共同井戸のわが家

シャツ工場のサイレンが鳴って　女たちを呼びよせる
失業中の男たちが　母親がわりの毎日
景気が悪くて　鍋はからっぽ　それでもぐちも言わずに

だってみんな心の奥では　この街を誇っていた

小さなバンドで　歌をうたって　あの日はじめて　お金を稼いだ
音楽にあふれたデリーの街　とても忘れられない
それをみんな　置き去りにして　街をさるなんて辛い
だってそこは人生を知り　夫を知った街

今度帰って目をうたぐった　酒場は焼け煙がまい
なつかしいガス工場には　兵隊がたむろしていた
鉄条網がはりめぐらされ　戦車と銃剣の街に
軍隊の前にひざまづいた　私が愛した街

今ではもう音楽もない　でも街の人は絶望してない
忘れはしないこの出来ごとを　眼差しが語っている
わたしにできることはひとつ　闘うことだけなのだ
青春を過ごしたデリーの街　私の愛した街

先程も言った六年半のこの中で本当にどんどん故郷《ふるさと》を奪われたり、人権を蹂躙されたりすることがいっぱい起きていて、もうどれがどれとは言えないのですけれども、沖縄のことを歌いたいと思います。『辺野古の海』――

これはアイルランドのバウロンという楽器を使って歌います。そして、沖縄からゲストもいらしてくださっています。いきましょう。

辺野古の海

横井久美子 作詞／宮古島民謡

辺野古の青い海が　泣いているよ　海の涙はわれらの涙
古から海は尽きることなく　海の幸を恵み続けた
あの戦の時も　海の幸が　この命をすくってくれた
辺野古の青い海は　われらの宝　青い海はわれらの命
海を渡る風よ　伝えておくれ　辺野古の海が泣いていると

＊

阿武隈高地というのは、宮城県の下から福島、そして茨城の上あたり、そのへんが阿武隈高地。この阿武隈高地は、日本列島が海底から隆起する以前にできていた。福島に行くたびに、この大変な出来事によってこの阿武隈高地そのものが再びズルズルズルズルと海底に沈み込んでいくよう。そして、それは阿武隈高地だけじゃなくて、ずっとこの日本列島全体を引きずって沈み込んでいく。「日本は終わり」――そんなことを感じてつくった歌です。

ぜひ今日はCDも発売していますので、「CD買って福島、応援しよう」って、いいですか。

『阿武隈高地 哀しみの地よ』――

阿武隈高地 哀しみの地よ

伊東達也 作詞／横井久美子 作曲

はるかむかし　海から生まれた
里山がどこまでも　連なる地よ
家があり　田畑があり
山も海も　おだやかにある
※　そこは阿武隈高地　浜通り
　今は原発に奪われた哀しみの地よ

春には春の　恵みがあり
秋には秋の　喜びがあった
慈しみがあった　家族があり
つつましく暮らした　日々があった

※　くり返し

吹く風には　薫りがあり
ふりそそぐ雨には　色彩があった
朝日にはいつも　力があふれ
夕日にはいつも　慈愛があった
※　くり返し

あやまれ（あやまれ）　つぐなえ（つぐなえ）
原発なくせ
あやまれ（あやまれ）　つぐなえ（つぐなえ）
ふるさとかえせ

ありがとうございました。

今日ここに、この作詞をしてくださった、いわき訴訟団の伊東達也さんがおいでになってらっしゃいます。みなさんで応援しましょう。自分のこととして応援します。

我が大地のうた

笠木透 作詞／田口正和 作曲

カラマツ　コメツガ　針葉樹林
かもしか　月の輪ぐま　走る稜線
そびえたち　つらなるわが山々よ
そびえたち　つらなるわが山々よ
※　いくたびか　春をむかえ
　いくたびか　夏をすごし
　いくたびか　秋をむかえ
　いくたびか　冬をすごし

かきの木　赤土畑　ひろがる水田
かわやなぎ　青い水　流れる河川
この土地に　生きているわたしの暮し
わたしに流れる　人たちの歴史
※※　わたしがうたう　うたではない
　あなたがうたう　うたでもない

我が山々が　わたしのうた
我が大地が　わたしのうた

かるかや　かやつり草　積乱雲
からすうり　月見草　風わたる草原
この土に　わたしのすべてがある
この国に　わたしの今がある
※　くり返し

かもめどり　くろ松　岩礁海岸
かつおどり　海つばめ　うねる水平線
この国の　歴史を知ってはいない
この国の　未来を知ってはいない
けれども　わたしはここに生れた
けれども　わたしはここに育った
※※　くり返し

歌って愛して

横井久美子 作詞・作曲

Sing the love, love the song
I want to fight with dreams in my soul, with you
Sing the love, love the song
I want to fight with dreams in my soul

生きることはいつも　淋しさがみちづれ
生きることはいつも　夢がみちづれ
夢を追い求め　淋しさにおそわれ
いくたび涙を　流したことだろう

歌って愛して　夢を見ながらたたかいたい　あなたと
歌って愛して　夢を見ながらたたかいたい

歌うことはいつも　悲しみがみちづれ
歌うことはいつも　愛がみちづれ

愛を追い求め　悲しみにおそわれ
いくたび　黙ってしまったことだろう
歌って愛して　夢を見ながらたたかいたい　あなたと
歌って愛して　夢を見ながらたたかいたい

この道をこれからも　歩いてゆくつもり
あなたがいれば　楽しくゆけるわ
この道はこれからも　はてしなく長いけど
たとえたおれても　ステキな人生さ

歌って愛して　夢を見ながらたたかいたい　あなたと
歌って愛して　夢を見ながらたたかいたい

「五十周年記念合唱団」のみなさま、ありがとうございました。

そろそろ終わりになりましたけど、どうですか、みなさん、疲れました？

私、最初にこの企画の時に、四時間か五時間やりたいと思ったんですが、まわりの人が「とってもつきあいきれない!!」って言われてやめたんですけれども、だいたい三時間くらいになりそうです。

最後の歌ですけど、その前に、本当にこのコンサートをサポートしてくれましたミュージシャンをご紹介します。

ベースとクラリネット、中村和彦さんです。

バイオリン、今井真実さんです。

そしていろんな楽器をしてくれました、北村しん君です。

それから、もう五十年近くずっと私のサポートをしてくださった今回のコンサートの音楽監督、ギター、安田雅司郎さん。

ありがとうございました。それでは最後の歌にしたいと思います。この歌に、私のみなさんへの感謝を込めて歌いたいと思います。

歌にありがとう

横井久美子 作詞・作曲

歌は私に教えてくれた
この世にどれほどの悲しみと痛みがあるかを
歌は私を鍛えてくれた
独りを怖れるな　すべては独りからはじまると
たとえ大地が悲鳴をあげて

憎しみが大空を覆っていても
こんなにも私が　愛を感じるのは
歌があったから
歌にありがとう　あなたにありがとう
歌にありがとう　ありがとう

歌は私に示してくれた
人間が積み上げた英知を　人生の深さを
歌は私を清めてくれた
あるがままでいいと　まっすぐ顔を上げて生きてきたねと
たとえ世界が闇につつまれ
争いが地上を覆っていても
こんなにも人生を美しく感じるのは
歌があったから
歌にありがとう　あなたにありがとう
歌にありがとう　ありがとう

●横井さんと歩んで

横井久美子さんとコンサートをつくる

前田孝子（横井久美子事務所スタッフ）

歌手の横井さんには、全国各地にたくさんのファンがいる。私が事務所に入所した二〇〇二年夏、二〇〇四年の三十五周年コンサート企画がスタートした。三十五周年を記念して全国各地で一年をかけてコンサートツアーを開くという企画だった。その成功をめざして、全国のファンの方々には、「輝き隊」という名をつけて、東京の藤沢貞子さんに会長になっていただき、各都道府県ごとに、たとえば「△□県輝き隊☆号」と番号で表わすことにした。全国のファンのみなさんに、藤沢さんが「ぜひ輝き隊に入って久美子さんを応援してください」とお願いすると、どんどん「輝き隊」が増えていった。そこで「輝き隊ニュース」を発行しようということになり、私の初仕事は、夏定番のアイルランドツアーの旅行記をニュースにして、全国の「輝き隊」に送る事だった。今でも「△□県輝き隊組長の〇〇です」と自己紹介する方がいる。「キッズ輝き隊」もできた。

二〇〇四年は一月から、横井さんと各地の三十五周年コンサートの皆さんを励ましに回った。九州の私の同級生にも会いに行って、横井さんの事を全然知らない友達に福岡コンサートに来て

全国で開催した35周年コンサート（2004年6月23日、福山市）

とお願いしたりした。東京では、輝き隊三十五人が新宿や横井家で毎月ミーティングを行い、三十五周年のフィナーレを飾る国際フォーラムでのコンサートのために活動した。こうしたチームワークにも支えられて、三十五周年コンサートは、ベトナム・ハノイのほか、日本全国十六カ所にわたって大成功した。私のスタッフとしての宝物コンサートになった。

　大きなホールコンサートとは別に横井さんは一九九二年四月から、全国各地でミニライブ「春秋楽座」を開いていた。二〇一二年に開いた「春秋楽座３００回記念全国ツアー」は、小さな音響セットと、書道家の畠中幸代さんが書いてくれた「春秋楽座」の幕だけ持参して、どこでも独自の会場が出来あがるという企画だった。横井さんは、どんな小さなコンサートでも、とても大切

東京国際フォーラムでのフィナーレ（2004 年 11 月 21 日）

ベトナムのハノイでも行なわれた（2004 年 7 月 30 日）

書道家・畠中幸代さん揮毫の「春秋楽座」の幕をバックに

にしていた。このツアーコンサートは、全国各地の四十六カ所で開き、私もその半数に同行することができた。

この年の初め、京都で食事会が開かれた時、車での移動中に、「何かアイデアはある？」と聞かれた。私は、小さな弁当袋に、ＣＤ、ＤＶＤを詰めて大特価のセット販売をするというアイデアを提案した。横井さんは、前から暖めていたというはんこ――「その袋には春秋楽座という三センチ角のはんこをいかしてほしいの」という。私は薄ーい布にその印を押し、袋の真ん中に縫い付けた。チクチク縫っていると針で指をさして血が出た。横井さんは、コンサートの際に「こうこさんが血を流して作ってくれた袋」と紹介してくれた。

『VIVA KUMIKO』六枚組ＣＤ（左ページ写真）や他の作品セットの袋はどこでも評判

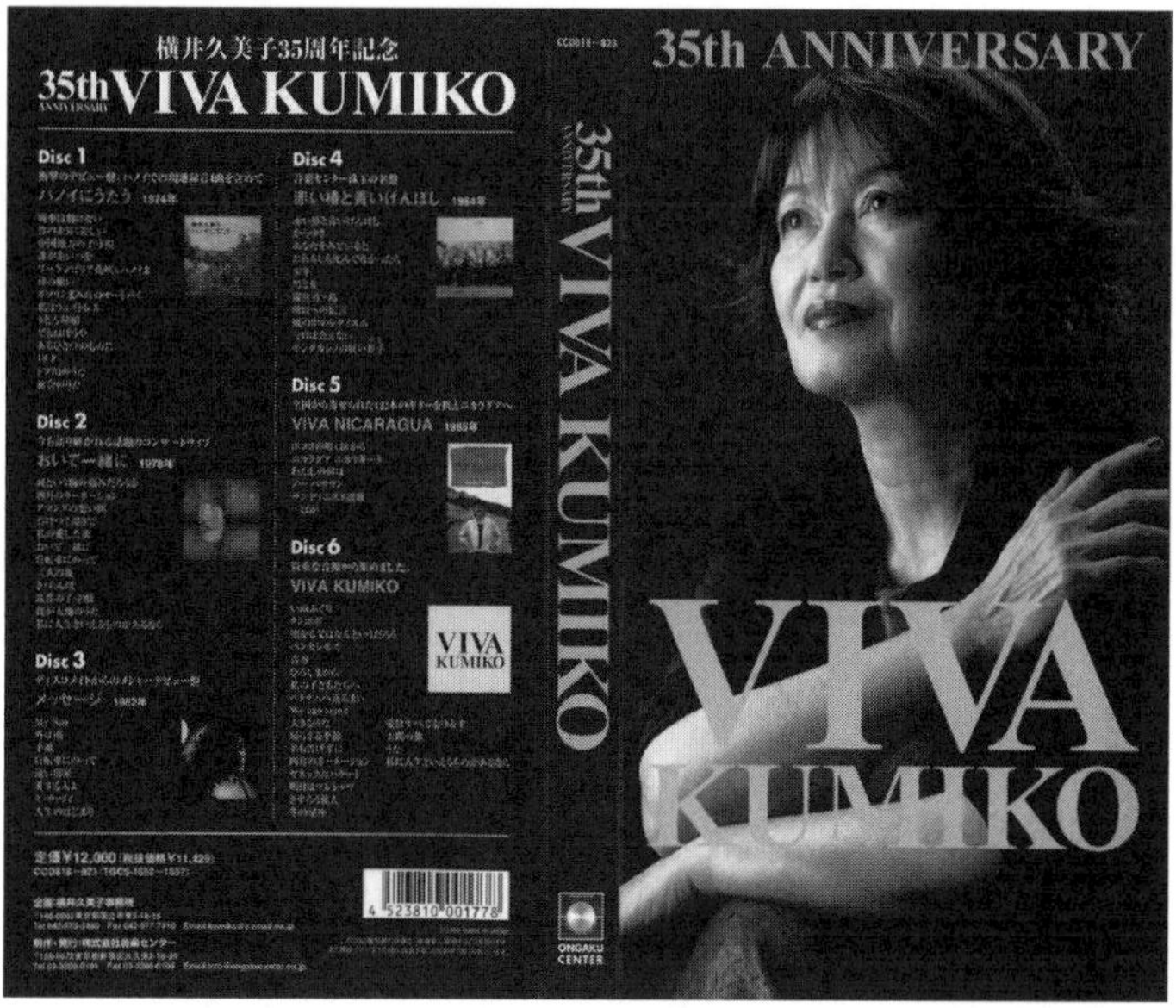

だった。どの会場も独自のネーミングを付けた特徴のある春秋楽座になった。数人のファンが会場の準備をして、すてきな仲間がコンサート空間を飾ってくれた。

春秋楽座の会場には、必ず手作りの各地の花が飾られた。『花が好き 歌が好き』の歌は、こうしたときに生まれた。この曲は、シンプルでみんなが大好きな歌になった。会場ではよく即興で歌わされた。「○○が好き?」と。三十人くらいのミニライブ春秋楽座は、「横井久美子トーク&ライブ」として小さい空間が広がるすてきなライブだった。私自身も、地元神奈川で組織した。

「春秋楽座300回記念全国ツアー」の最後のコンサートが終わり、新幹線での帰りに、「次からはどんな名前にしようかしら」といわれた。「やっと終わったー」

と疲れ果てていた私には、良いアイデアは浮かばなかった。

その後、春秋楽座に続くミニライブは「媼《おうな》ざかり　歌って愛してコンサート」と題して、また次の時代へのコンサートへとつながっていった。「媼ざかり」とは横井さんの造語だった。「赤い色の幕にしようと思うの。また畠中さんに頼もう」と、もう幕のアイデアも決まっていた。その後、「三重・慶蔵院コンサート」「群馬・嬬恋村まほうのじゅうたん」「戸隠高原アコールデ」「春日部歌って愛して」などなど、各地でコンサートをしていただいた。

二〇一九年七月の五十周年コンサートに向けての準備では、もう三十五周年の時のように何度もミーティングを開くのは大変だからと、横井さんと私のふたりだけでチケットを一枚、一枚と売り上げて、参加者を積み上げていった。実はこのコンサートの企画も、ある方の記念コンサートに行った帰り道、「そうだ！　私も五十周年コンサートをやろう」の一言で決定したのだった。小さいホワイトボードに、毎日毎日チケットの枚数を書き加えて、一歩一歩目標へ向かっていったのだった。

そして七月二十一日、五十周年コンサートは、自他ともに認めるような完璧なコンサートとなり、成功裡に終わりました。

2021年4月12日

第3章　片腎KUMIKOのビスターリ《ゆっくり》ライフ

*【ビスターリ】は、ネパール語で「ゆっくり、のんびり」の意味。

最終回（2020年11月20日）の
ブログを書いた日に撮影

2019年

10月5日（土）　フェイスブック

フェイスブックに3年前から参加しているが、最近はほとんど見ていない。何故かというと私の友達はいつのまにか3500人ぐらいいて、顔と名前が一致する人はわずか。そういう人たちの人生や日常が、毎日ドバっと入ってくると疲れるのだ。SNS疲れというか。

また、誰かに「いいね」をすると皆にしなくては悪いと思って「いいね」は、なるべくしないようにし、本当にいいと思った投稿にはコメントをしていた。「いいね」を期待されているのにしないのも、それもストレスになる。自分が投稿することもあるが、素通りされているような感じもする。自分も素通りしているので同じだが。友人で20人ほどの仲間だけでしている人がいるが、こういう場合はSNSは効果があると思う。フェイスブックはやめにして、HP（ホームページ）のブログを書くようにする。この私のHPを訪れてくれる人は数は少ないし、名前も顔も見えないが、そういう人こそありがたいし、大切にしたいと思っている。

10月10日（木）　アイルランドツアーで発覚

今日から入院する。実は、8月末のアイルランドツアーの間、右下腹がシクシクしていた。盲腸かなと思い帰国後、病院に行った。CT、レントゲン、エコーをしたら腎臓が腫れているという。早速、その場で腎臓専門病院を紹介され、再度、造影剤を入れてCTを撮ったがモヤモヤがはっきりしない。それで、3日間入院して、尿管鏡を入れて検査し、相変わらずモヤモヤの正体が分からないが入院手術となった。

7月21日に50周年記念コンサートをして、その4日後の25日に定期検査をしたが、腎機能も含めすべて正常だった。だからビックリビックリ！　ずっとシクシクしているだけだから元気で、腎臓が腫れていると言われなければ飛び回っていた。不思議？　先生に聞いた。「おなか開けてみて、そのはっきりしないモヤモヤが凄いものでその場で死ぬということはないんですか？　お金の隠し場所などを夫に知らせておかないといけないので！」と。「それはないでしょう！」と先生。そうだよね、先生は、死ぬとは言わないよね。

昨夜、寝ながら、医療ミスだってあるから手術中に死んだ場合、どうしよう？　前田さんにコンサートに来てもらった人たちに知らせてもらうかな？　その文章考える必要あるかな？　でも、値上がりしたはがき63円で2000枚も出したら12万6000円。もったいないな？　そうだ、新聞の死亡広告はタダかもしれない！　それがいいやと解決策を見つけたら安心して、そして、馬鹿らしくなった。75年間、何の病気もなかった奇跡のこの肉体！　50周年コンサートも成功したし、もういつ死んでも悔いはない！　しかし、どうもそう簡単には死なないような気がしてきた。

10月21日（月）　50周年コンサート後の超多忙な日々

今日退院してきた。病名は腎盂癌で右の腎臓を摘出。手術時間は5時間。腎臓の手術は難しいらしく、私の場合は更に難しかったようです。医療ミスもあるし、死んだらと思って前田さんの退職金も夫に渡してきた。人間の体には卵巣、精巣、肺、腎臓が二つずつある。スペアタイヤのように卵巣をとっても妊娠もできるし、腎臓をとっても普通に生活できる。しかし、10センチ切ったから今は全治1月の傷かな。最近の病院は、翌々日から、まず看護師が介護して廊下を歩かせ、次は点滴をしながら、次はお腹の傷を抑えながらと歩いた。

前回も書いたけれど、コンサート後の7月25日に市の検診で腎機能は正常だったのでビックリ。それでその後の行動を考えてみた。7月26日はネパールの青年たち6名+桜井さん、石井さんの計8名が我が家に泊まり、翌27日にネパールの青年たちと「はとバス」で靖国神社やスカイツリーに行き、28日に深夜便で帰る彼らを羽田空港まで見送り。その後、ご夫婦で大ファンの方が癌で亡くなり、遠方までお悔やみに。8月25日に川崎でステージコンサートがあり、前日リハーサル。拘束時間がいつも以上に長かった。その三日後からアイルランドツアー。

それまでの日本は、ネパールの青年たちが「日本には太陽がないの?」と言うくらい曇り空で、忘れもしないスカイツリーに行った前日から「日本にも太陽があった!」というくらい猛暑。暑くて暑くてゴロゴロ寝ていても眠れなかった。その時ひどく疲れを感じ、背中も腰も痛かったけれど、日本中が「生きるのも大変!」という暑さだったので「背筋鍛えなきゃ!」とは思っても、まさか病気で病院に行こうとは思わなかった。アイルランドツアー終了までの1カ月で急激に癌を発生させたのだ。

12日間病院にいて、本も7冊読み、これからは副交感神経を高め、優雅なスローライフを送ろうと決めた! 病気になってヨカッタ! と思える人生を! 次回からは、HPをリニューアルして、「片腎久美子の療養日記」を書くつもり。また、「Only One Staff 前田こう子の Blog & Photo」や「我ら歌う楽校 リレーブログ」も予定しています。傷は治っても本来の体力回復には数カ月かかりますが、あまり元気にならないことを肝に命じながら元気です！

10月25日（金）台風19号と同じ日に大手術

台風21号がまたやってくる。台風19号で被害に遭われた方、更に大変ですね。あの日、私も同じような目に遭っていた。忘れもしない関東に上陸した12日の午後6時、私は5時間におよぶ大手術をして病室に運ばれた。全身麻酔なので、「ハーイ麻酔しますヨ」の声。その後一切記憶なく気付いた時は病室に。点滴や酸素マスクや何やらいっぱい身体につけて身動きもできなかった。苦しーい！　普通、大手術をする時は、親族が居なくてはいけないのだが、この台風で夫は来なかった。歩いて35分の距離だから歩いて行くと言いはったが、飛来物で怪我でもしたら大変と断固断った。でも、さすがに12日の台風の夜、身動きできず病室にたった一人でいるのは怖かった。だから関東、東北に大被害をもたらした10月12日を私は忘れない。

病院内を一人で歩けるようになった頃、長男が見舞いに来た。夫と一緒に担当医に会って病状をメモしていた。息子は、我が家四人のうち一人だけの一般人である。その他は、世俗チョーエツ学者夫と米国弁護士の優秀娘と水商売の私である。息子のことは「人柄はいいのだけど、人を出し抜いてでも出世しようという競争心はなく、マイペースで、将来どうなるの？」と心中思っていたが、結婚して子どもができて本領発揮している！　夜遅くまで働いているが、家庭を顧みない会社人間ではなくて、子育てが趣味と思うほどいい父親をしている。

その息子に「私が死んでもお葬式しなくていいからね」「だったら遺書にちゃんと書いておいてよ。ひどい息子かと思われないようにね！」「これから遊んで暮らすからね」「お母さん、ファンからいっぱいカンパとか貰っているから、それで遊ぶと思われるよ」「私のファンでそんなこと思う人いないよ」「人はいろいろだから言葉は選んだほうがいいよ」と、一般人らしい助言をしてくれた。長男としての責任感にあふれている。一般人もいいなあぁ。

そしたら、やおらアイフォンを取り出した。息子は先日、中学校の吹奏楽でピッコロ担当の娘の金沢大会について行った。金賞を得たそうだ。「○○のこの最初のピッコロがうまくいったんだよ」と、病院まで来て、得意げにさわりを聞かせて帰って行った！　一緒にいた夫に「大きくなって娘に振り向いて貰えなくなったらどうするんだろう？」夫は「あれほどお父さんに大切にされていたら、とても裏切れないでしょ！」「そうだよねー」と笑いあった病室の一コマでした。

10月28日（月）　水戸黄門の印籠
手術後、退院して二週間余り経ったが、傷がまだ痛い。でも寝返りも打てるようになったし、室内も歩けるし、やっとくしゃみもできるようになったし、二階へも行けるようになった。傷は「日薬」というように日が経つにつれてよくなっている。
私の病気はこのＨＰでしか公開していないが、お見舞いのお手紙やメールを頂く。ある先輩から「久美子さん、ベッドの上で泣いていない？」と手紙を頂いたが、トンデモナイ！「今まで何の病気もなくこの年まで演奏活動をしてこられてなんという幸せな人生かと感謝しています」とご返事したら、「落ち込むどころか張り切っているよ、久美子さん！　バンザイ！」とご返事。

息子や娘も夫に「お母さん大丈夫⁇　気落ちしていない？」と聞いてきた。心配してくれる気持ちは有り難いが、私は「アイツら、こんなに長く私と付き合っているのにマダ私の本性分かっていないなぁ」と思った。人間は、いつかは死ぬし、永遠の命なんてないから。担当医にも50周年コンサートのパンフレットを渡し、「これだけのことをしてきたから、いつ死んでも悔いはないので、抗がん剤治療はせず、ニンジン、野菜ジュース、玄米菜食の食事療法で治します」と宣言して退院してきた。「友寄さん（私の戸籍名）強いですねぇ」と感心された。

実際、私は50周年コンサートも終わったし、そろそろ終活の準備をと内心思っていた。しかし、すでに1年先までのコンサートの予定が入っていた。コンサートの依頼は嬉しいことなので、終活より期待に応えるべきと思っていた。それが突如、この「手術」というアクシデント！　私たちの仕事は、体調が悪いというだけでは、仕事を断れない。だから「手術」は、水戸のご老公の印籠のように主催して下さった方々に了解して頂けた。とはいえ、ネパール・ベトナムツアーの参加予定の皆さま、コンサートを企画主催して下さった春日部、横須賀、群馬、長野、福岡、川崎、茅ヶ崎、海老名、藤沢の皆様、本当に、本当にご迷惑をおかけしました。

11月4日（月・祝）　家事分担

数日前から国立駅前のスーパーまでリハビリを兼ねて買い物に行っている。荷物持ちとしてほとんどパソコンの前に座り込んでいる夫も散歩がてら一緒に誘って。

病院から退院して考えたことは、まず、今まで上げ膳据え膳の夫に家事の分担をしてもらうこと。食後の洗い物はすでにしていたので他に、①毎日のゴミを出し、②一週間に一度掃除機をかけること、③食料品の買い出し、④家の周りの掃除。結婚して51年目にして家事を分担した。自分の使うトイレはすでに自分で掃除してもらっている。飛躍するが、「原発はトイレのないマンションみたいなもの」と言われるが、原発を推進している「原子力村」はほとんど男性でしょ。そういう人たちはトイレの掃除なんて一度もしたことがない人種だと思う。

いずれにしても、私が思うように体を動かせないこの時期に決めておかないと、結局、イライラして自分でやってしまう。退院翌日、漆喰の壁に時計を取り付けることを夫に頼んだら踏み台を持ってきて開始。漆喰壁だからか1時間経っても悪戦苦闘している。ついに、痛いお腹を支えて踏み台に乗り、私が取り付けた。これがいけないのだ！　と深く反省。

それにしても、退院直後の動けない時、たった一人だったら大変だ。更に進む高齢化社会。病院は完全看護であっても、一人暮らしの場合、退院後のケアはどうなるのだろう。「世俗チョーエツ学者夫」の存在をこんなにも有り難いと思ったことはなかった。男性の家事の習熟は、本人のためでもある。果たして続くかどうか？

11月9日（土）　優しい一般人

病気が9月9日に発見されてから2カ月。その間、検査入院、手術を経て、やっと医学的な生体検査の結果が出た。その結果を聞くために病院へ。夫と息子も同行。会社を休んでまで来なくてもいいと、何度言っても息子がついてきてくれた。こんなに優しい子だったかしら？「子育てが趣味か？」と言うほどの娘たちへの愛情たっぷりは、子どもだけでなく、親にも優しいんだ！　と我ながらビックリ。たぶん、息子の48年の人生で一番弱い母親の姿に本領が発揮されているのだろう。そうだろうなぁ、私は、母親としていつも夫や子どもの世話をする側で、誰にも助けてもらわず生きてきたからなぁ。母親というのはそういうもんだけどね。今、はじめて心配される側になり、人の優しさが分かるんだなぁ、それにしてもナンテいい息子だろうと感心できたのも病気のおかげだ！

若い癒し系の担当医師から、転移の可能性があるからと、抗がん剤治療をすすめられた。入院中、私は星野仁彦先生、済陽高穂先生のゲルソン療法をもとにした食事療法の本を6冊ほど読んでいて、抗がん剤治療はしない！　とエラソウに担当医の先生に宣言していた。だから一瞬迷った。「決定は考えてからでもいいですよ」と言われたが、食事療法はすぐには効果がでないし、抗がん剤治療と併せて食事療法をすることで、副作用を軽減させられるそうなので、受けて立とうと思った。

この病院は、ダビンチというロボット手術の機器を日本で二番目に導入した腎臓内科の専門病院。ベッド数25ほどの小規模病院で、先生も看護師さんも優しくてアットホームで気に入っている。バスで行ける近さも超便利。以前、もし、生体検査の結果によっては、もっと大きな病院で治療してもらうかも、と言われていたが、私はこの病院が気に入っているのでここを動きませんから！　とも言っていた。今回の治療はこの病院でできるので嬉しい。

息子は、もう帰っていいというのに、最後の最後までいて、「抗がん剤というと髪が抜けるから毛糸の帽子を用意しておいたほうがいいよ」と言いながら車で自宅まで送ってくれた。「そんなこと分かっているよ！　帽子なんかいっぱい持っているのに！」。やっぱり普通のことを普通に心配する我が家の優しい一般人である。

11月16日（土）　抗がん剤治療開始

昨日、3、4日入院し、抗がん剤治療を受けて帰宅した。私の治療法は、ＧＣ療法といわれる最初に行われる標準療法であるという。1日目の点滴でゲムスタビン投与を30分。翌日、シスプラチン投与を2時間。それを挟んで吐き気止め、利尿剤、生理食塩液を点滴。4日間手錠のように点滴につながれて、やっと解放された。

それでも、手術の時とは大違い。お腹の傷は治ってきて体は自由に動けるし、同じ病院、病室で、「また戻ってきました！」と看護師さんに明るく挨拶。それでもそれでも、抗がん剤投与は初めてで緊張する。副作用が出て、それに耐えられず中止する人もいるらしい。99パーセントの医師が、自分が癌になっても抗がん剤治療は受けないというトンデモナイ本も読んだ。

いよいよ薬の説明。「トイレが終わったら飛び散らないように、ふたを閉めて2回流してください」「副作用としては、投入後から数週間の間に、個人差はありますが、食欲不振、吐き気、発熱、呼吸困難、骨髄抑制（白血球、血小板の減少）、感染症、間質性肺炎等々があります」。抗がん剤は、癌細胞も叩くけれど、正常細胞も叩くから、こういう副作用がでるのだ。

いよいよ開始。看護師さんは防護服を着ているよ！　それほどの劇薬を体に入れるのだ。怖いなぁ！

緊張する！　看護師さんはそれを察してしばらく傍で話してくれた。「気力、体力があるから受けられるのよ！」。私も「糖尿病や肝臓病や高血圧など、食事療法を宣伝しているのに、どうして癌は、副作用がある抗がん剤しかすすめないの？」「食事療法はエビデンス（証明）がないからね」。

投与の途中で問題発生！　私は、若い頃から血管が細くて「救急車で運ばれたら大変だよ」と言われていた。最近では手の甲から注射をしていたが、どうも細くて点滴が流れにくくなり腫れてきたので注射の場所を変更。1日目が終わり、先生が「明日の薬が本番だけれど、このままでは点滴がだんだん難しくなってくるので、他の病院で胸の血管から点滴できるCVポートを付けたらどうでしょう？」「えっ病院変わるのですか？　また穴開けるなんてヤダぁ！」「器具を取り付けるだけで治療はここでします。本人も楽ですよ」。

こんな事態になって、この際、これを口実に抗がん剤治療を中止しようかと思った。が、せっかく、やる気になったんだから、もし、中止したらきっと後で悔やむだろうと思った。パラリンピックの選手たちが、不自由な体に打ち勝ち活躍している。彼らは何度手術を受けてきただろう。私の胸の小さな穴なんか問題じゃない！　「じゃその器具取り付けます」。それで器具なしで2日目の本番の投与は無事終わった。少しでも針がずれたら大変なことになっていたので、2時間は腕は絶対安静。終わったらバンザイと晴れ晴れ。先生も「無事にずれずによかったですね」。

さて、昨日、帰宅して、今、副作用が出ないか待っている！　血圧が上がっているがまだ何の兆候もない！　早くこいこい副作用とは言わないが、ここ数日でどうなるかなぁ？

11月21日（木）　手抜きの子育ての結果

抗がん剤投与から8日経ち、副作用がどんなふうに出るか観察している。5日目は一日中だるさが出て頭痛もした。6日目に歯ぐきが腫れて夜の歯磨きの時、血が出た。これらは想定内で、それ以外あまりひどい副作用は出ていない。食事療法をしているので軽減されているのだろうか？　今週2週目あたりから白血球や血小板が減り、感染症になりやすい時期に入るので気を付けよう！

私の友人と電話。「横井さんのブログを読んですごく今まで忙しかったのに、優しい息子さんによく育ててきたわね。自分の子育てを振り返って反省したわ」と言われた。「お宅の息子さんはアーティストでしょ。うちの長男は一般人だから普通なのよ」。でも、電話を終わって考えた。愛情たっぷりという優しさは長男の持って生まれたものだけど、こまめによく働くのは、他の家族3人が役に立たないからだ。

人間って一人で生きていれば、自分ができることを一人でしなければいけないが、4人いれば、いつの間にか役割が決まっていく。年齢順にいけば、一家を支えるのは親であるが、我が家は、前回も書いたように夫は「世俗チョウエツ学者夫」と「米国弁護士優秀娘」と水商売の私である。小学生のころから息子は妹のお迎えに行き、スイミングスクールに連れていき、電球を取り替え、一家の要になってきた。それが、こんな「一般人」になっているのである。

「優しい立派な息子」は、子育ての成果ではなく、親の出来が悪い分だけ能力？を伸ばした息子の成果！　つまり、子育ての手抜きの結果です！

11月26日（火）　家族の時間

抗がん剤の副作用を心配していたが、投与後5日目6日目に頭痛・貧血・歯ぐきの出血・しびれなどが少々出たぐらい。食欲はあったし、たぶん世の風評よりずっと軽いと思う。昨日は、投与後12日目、病院ではじめての血液検査。やや貧血が残っているが白血球も元に戻り、回復している。副作用があまり出ていないということは、食事療法のせいか？　でも、それは、癌にも薬が効いているのだろうか？　副作用はあまり出なかったが、それでも、薬剤が正常細胞を攻撃し、骨髄抑制（白血球、赤血球、血小板の減少）をしていることは体がビシビシ感じていた。この状態は私にとっては外に現れた副作用より大問題で、このことについては改めて書きたい。

昨日は、娘がワシントンから出張で帰国していたので、夫と共に病院について来てくれた。お医者さんも、娘さんは初めてだからと娘にも経過を説明してくれた。娘もバリバリのキャリアウーマンらしくテキパキと質問していた。この前夜、息子も我が家に来て一家四人で翌日のお医者さん対策会議。娘は、今回子ども連れでないので、ゆっくり4人で話ができた。私がせめて抗がん剤治療はあと1回にしたいけどどう思う？　という意見に喧々諤々。

対策会議も終わり、我が家の居間に飾ってある幼い頃からの写真を眺めながら、息子が「お前はチビの頃チョーデブだったなぁ」「あの写真のお父さんは今の俺より若いでしょ」と、30年40年前頃の話で盛り上がる。「お兄ちゃん、悪いことして、夜、家の外に一人で出されたこと覚えている？」「便所に逃げて隠れていたらお母さんに外から釘打たれ閉じ込められたことは覚えているよ」「スイミングスクールに行ったことにして、外に水泳パンツ干して、黙ってろよって言ったでしょ」「あの頃、あんな遠いスイミングスクールに自転車で二人でよく通ったなぁ」「お手伝いのお姉ちゃんが保育園に迎えに行くのを忘れてお兄ちゃんが迎えに来てくれたよね」「そうそうあのお姉ちゃん、ボーとしていたね」「お母さんが外国に行く時は、よく名古屋のおばあちゃんの家に預けられたね」「本当に俺たち過酷な境遇によく耐えていたなぁ」

私は結婚・出産後も年中忙しく、この50年、こういう家族の時間を持ったことがない。病気になったおかげで家族が一つにまとまることができた。病気に感謝！　と言いたいほど幸せな家族の時間だった。息子は、妹に「明日、先生との話を聞いたらすぐ知らせてよ。血液検査の結果もね」と言って、夜遅く帰って行った。

11月30日（土）　スロージューサー

10月に入院していた時、病院のベッドから最初に通販で注文したのは?万円のスロージューサーだった。玄米菜食無塩（減塩）の食事療法なので、毎日ニンジン野菜ジュースを飲むためです。普通のジューサーは高速でカットするので酵素が壊れるらしい。スロージューサーは石臼でつぶすようにしてジュースができる。バリバリとニンジンが砕けていく音が気持ちがいい。液体とカスに分かれるので、カスが大量に出て食物繊維が取れないのは残念だけれどすごくおいしい！　ニンジンは、無農薬ニンジンを定期的に大量に取り寄せている。

野菜は伊勢市慶蔵院の前島住職が送ってくれる(しばらくはお見舞いということで無料で)。前島住職は黒ニンニクづくりを経て、今や無農薬野菜作りにハマっていて「神宝農産」という法人まで作ってしまった（ネパールのＯＫバジさんに学んだことを地域で生かすと張り切っている）。ニンジンジュースにも野菜ジュースにも欠かせないのがリンゴ。リンゴを入れるととてもマイルドになる。送ってくれる方がいてありがたい。レモンは味がしまるので、香川の無農薬レモンを取り寄せて、毎日２個は取っている。

食事療法というのはいろんな方法があるけど、私は四つ足の動物（肉）は食べない。白身の魚や鶏肉はＯＫ。卵は秩父のＹさんが平飼いの卵を送ってくれる。ヨーグルトも、ヨーグルトメーカーを買って豆乳から作っている。油はオメガ３の油を取りたいので、マヨネーズも手作りにしたい。とはいえ、まだまだ新参者なので料理に右往左往している。それでも、その毎日の食事作りが楽しみでもある。

スロージューサーが我が家に届いた時は、前田さんとワクワクして荷解きをして、組み立てて初めてニンジンジュースを作った。今や、前田さんが事務所に来ている時は、ジュースつくりは前田さんが担当。ランチは私が担当。お昼は、以前はよく缶ビールを飲んでいたが、今はニンジンジュースで乾杯してランチをしている。すごく健康的な横井事務所です。

12月5日（木）　中村哲さん銃撃される！

昨日のお昼頃、中村哲さんが銃撃され、命は取り留めたというニュースを聞き安心していた。しかし、夕方のニュースで死亡と聞いてショックだった。なんということ！　アフガニスタンはもとより日本も世界もかけがえのない人を亡くしてしまった！　テレビでいろんな方が哀悼の言葉を述べられていたが、途中で安倍総理が出てきて「ショックだ云々」とコメントをしていて腹が立った。中村哲さんは自衛隊の海外派遣に対し、国会で参考人として「アフガニスタンでは、軍隊を出さない日本や日本人にはとても友好的です。だから日本人の私は安全です」と証言し、自衛隊の海外派遣に反対意見を述べられた。戦争法をごり押ししてきた安倍首相に「ショック」なんて言葉を使ってもらいたくない！アメリカの同盟国として自衛隊を海外派遣し、間接的に中村さんの命を縮めたのはあなただから！

２００1年9月11日「同時多発テロ」が起こり、その報復としてアメリカは、タリバン掃討を名目に10月７日からアフガン攻撃を開始した。

私は、テレビで黒柳徹子さんのアフガンレポートを見て、足を吹き飛ばされた子どもたち、草を食べている子どもたちの姿に愕然とした。アフガンの子どもたちを救おう！と、２００1年12月17日、CD『おなじ空 おなじ子ども』を緊急発売した（「おなじ空 おなじ子ども」「世界中の愛をあつめて」「花が好き」３曲収録）。

このCDは、多くのメディアに取り上げられ、1カ月で２０００枚も広がり、とりあえず売り上げの１００万円をペシャワール会に贈ることにした。中村哲さんが、東京に出てこられた日、２００２年2月3日、渋谷のホテルでお会いして１００万円をお渡しした。常日頃、私は、スゴイ人ほど飾らずフツーの人だと思っているが、お会いした中村さんはその通りの方だった。

その後もCDは売れ続け、合計４０００枚余、金額にして売り上げの２００万円余をペシャワール会に贈った。

今から17年も前のことだ。当時、たくさんの方たちが10枚、20枚とCDを広げて下さったが、その中の奥山ユリ子さんは、自宅の掲示板にポスターを作り宣伝し、１００枚以上もCDを広げて下さった。昨日、彼女からも中村さんの死亡に怒りのメールが届いているので「皆さんからのメッセージ」〈略〉で紹介します。中村哲さんも、当時CDを広めて下さった方々も、私の歴史の大きな一ページです！　さて、残った私たちは何をするべきか！

12月12日（木）　モグラ叩き

髪が抜けてきた。副作用については世に言われるほどではないので、かえって髪が抜けてきて薬が効いていることを確信。それにしても人間の髪の毛の量ってスゴイね。頭に手を当てるとバサッと手につくのに、禿げるほどにならない。髪の毛は半年すれば生えてくるので私はゼンゼン気にならない。それに娘がワシントンで4つも帽子やターバンを買ってきてくれた。

癌体験3カ月の新参者が思うのは、癌は、暴走する生活習慣病でモグラのようなものだから、いつも「モグラ叩き」を忘れないことだ。たとえ顔を出したモグラを抗がん剤によって叩くことができても、モグラは首を引っ込めてまた顔を出す。長年かけてできた生活習慣病（モグラ）だから「生活の質」を長期にわたって変えない限り、モグラの撲滅はできないと私は思う。

それにしても、糖尿病などと同じ生活習慣病なのに、「暴走する」ために「死」と直結するせいか、癌と聞くと誰もが恐れおののく。当事者になってみると、周りの人が腫れものにさわるように感じていてとても不思議。突然別世界の人間になってしまったような。癌治療の世界は急速に進歩？しているのに、「癌＝死」意識は変わっていない。

私の後援会「久美子と輝き隊」の会長をされていた藤沢貞子さんが、脳溢血で倒れられて10年余になる。90歳を超え、たとえ外見は人を認識できなくなっても「藤沢さんらしさ」は随所に現れ、お見舞いに行くたびに「人間ってその人の本質は一生変わらないのだ！」と感心した。私もそうだが人は外見に惑わされやすい。金持ちでも貧乏人でも、五体満足でも不自由でも、病気でも健康でも、大人でも子どもでも、外見が違うだけ。人間の尊厳においてその差はないし、たとえ認知症になったり、時とともに背中が曲がったりして外見は変わっても、その人が築き上げてきた「その人らしさ（誇り）」は一生ものだ。どんな人に対しても、それを忘れないでいたい！

12月18日（水）　Crazy Hair Day

ワシントンの娘から「今日は学校に面白い髪形をしていく日（Crazy Hair Day）でした」と言って、小学一年生の長男の写真を送ってきてくれた。頭の上に人形を載せているようだ。

やはりアメリカは、トランプ大統領が引っかきまわしているけれど、自由の国だなぁ。髪の色が茶色でも、生まれつきであると証明書を出さなければならない日本とは大違い。タイツの色まで規制している「ブラック校則」も問題になっている。

私が娘に「学校でそんな企画をするなんてアメリカはスゴイね」と言うと、「だっていろんな人種がいるからこれは特別なことではないのよ」。そうだよね。いろんな人種の集まりだから、髪形以前に肌の色も着る服もすでにいろいろだからね。日本でも今回のラグビーでいろんな国から選手が集まって「ワンチーム」という言葉が動き出している。「ブラック校則」に対しても高校生が立ち上がっている。島国日本も少しずつ変わっていくよね。

12月23日（月）　ハラマキ

百貨店でしか使用できない商品券があり、久しぶりに立川の伊勢丹に行った。何を買おうかと考えて、療養生活の身としては、やはりこれでしょ、と腹巻を買うことに。今までハラマキなんて！　と見下していたけれど、今や私のオナカは、ポッコリお腹どころか手術で凸凹オナカだ！　美容より健康だ！　と、スーパーで買うより数倍高価なカイロを入れるポケット付きのブランド腹巻を奮発！

さて、それでも、商品券が余っていて、凸凹お腹の腹巻姿には、パンツよりもワンピースがいいかなぁと、ブラブラ歩いているとカラフルなニットのワンピースが目についた。

このブランドは、オバマ夫人も愛用している世界ブランドだそうで、創業85年になる紡績工場で自ら羊を飼育し、山形県の土地でこだわりの糸づくりをし、最新のテクノロジーと古い紡績機を掛け合わせた特別な糸を自社工場で紡ぎだしているのだそうだ。私はこういう謳い文句に弱いのよね。何より製品が素敵だ！

私は、ヨージ・ヤマモトの「Ys」の服が大好きで長年着ていた。35周年記念コンサートの時は、？十万も「Ys」に衣装代を使った。50周年コンサートの時も「Ys」に衣装を見に行ったが、あまりに高いので衣装は、自分でリフォームした。そんなケチをしたのに!!　また、最近は断捨離志向で服を買わない方針なのに!!　カラフルで肌触りのいいニットに魅入られ、突然、残っていた商品券をはるかに上回る服を買ってしまった！

言い訳は？　凸凹お腹さんへの感謝？　ご褒美？　クリスマスプレゼント？　それとも欲しいとい

う「欲」があることは、生きる「欲」もあるということかな？
今日から2回目の抗がん剤治療で4日間入院です。

12月28日（土）　CVポート

二日前に退院してきた。今回の入院は楽だった！　何故か？　今回は2週間前に鎖骨の皮下に中心静脈カテーテルを埋め込む「CVポート」の手術をしたからだ。CVポートは故小林麻央さんも埋め込む手術をされていたようだ。

私は前回の入院の時、腕の血管が細くて長く点滴をするのが大変だった。劇薬の投入時には、たとえ2時間といえども、腕の全体を安静にしているのは大変だった。ポートを付けることを医師に薦められたが、最初はまた手術かぁと抵抗した。

ポート手術の時は、1泊入院し、5センチも切って痛くって、「もう二度と手術はしたくない！」と思ったけれど、点滴の針はポートのシリコン部分に刺すため、チクリともしない。埋め込まれているため、点滴中は自由に両腕を動かせる。顔も洗えるし、本も読めるし……。回診の時先生がいらして「どうですか？」と聞かれ、抵抗した手前もあり「快適です！　やってよかったです！」と答える。

前回のように、たぶん今回も副作用は世に言われているほどひどくならないでしょう。何よりも前回の経験があり、何日目にどんな症状が出るということがだいたい分かるのがいい。学習力・経験というのはやはり生きるための武器ですね！

2020年

1月1日（水・祝）　ヨガ的ロングブレス体操

我が家の一般人から「お母さん、今日TVでロングブレス体操の番組があるよ」と連絡があった。以前、美木良介氏のロングブレス体操の紹介をワイドショウで見た翌日、新聞に大きく広告が載っていたのでDVD付の本をすぐ買った。息子から「お母さんはすぐ宣伝にのせられるね」と呆れられた！

癌になって、それまで通っていた体操教室を休むことも多くなった。今までヨガをはじめ体力をつけることが日常になっていて、「体力は生きる力。筋肉は裏切らない！」と信じているので、「さて、どうしよう」と思った。病気はあっても病人になってはいけない！　そんな矢先、ロングブレス体操を知った。最初は、「石原慎太郎氏を引っ張り出してずいぶん商売上手な人だなぁ」と思ったが、自宅でDVDを見ながらできるので昨年12月から開始した。

動作は超簡単すぎだが療養中の身としては良しとして始めたが、これが意外と優れていることに気が付いた！　今まで息を吸って吐いてということはよく言われていたが、簡単な動作にロングブレスを付けたということが優れている！

例えば、①グーパーというのは誰でもできるが、ロングブレスと共に手をしっかり握り、しっかり開くという単純な動作。単純な足上げも同様。②第二の大きな筋肉群のある肩甲骨をいつも締めながら動作する。③大腿四頭筋や腸腰筋などインナーマッスルが鍛えらえる。買った本には理論的なことはほとんど書いてなかったが、そのテレビ番組で医者がロングブレスによって血流が体の隅々、毛細血管まで届く。もちろん脳も活性化され、だから脳梗塞であまり歩けなかった石原慎太郎氏もだんだん歩けるようになったと言っていた。認知症の予防にもなるそうだ。

ロングブレス体操で言っている臍下丹田《せいかたんでん》に息を吸う（腹式呼吸）というのは意外と難しい。最初は寝ながら臍下丹田（おへそから3センチ下）に重いものを載せて練習する。私は歌を歌っているので腹式呼吸はできるが、10月に開腹手術をしたあと5日間オナカで息が吸えず、ずっと胸で息をしていた。回復を実感したのはオナカで呼吸ができた時だった。腹式呼吸は生きる基本ですね。

昨年から毎朝、5時半に起き、腰湯をしたあと、15分ストレッチ、30分ロングブレス体操をしている。療養の身としてはハードに鍛えるのではなくヨガ的にゆっくりと。毎朝の儀式のように！　２０２０年1月1日、今朝も儀式を済ませました！

1月9日（木）　ラジウム温泉

お正月5日から7日まで山梨県北杜市増富《ますとみ》ラジウム温泉に行った。自然界の微量な放射能ラジウムが身体に良いということは知っていたが、ある雑誌で増富温泉「不老閣」を知り出かけた。

国立駅から高尾駅で乗り換え。ナント、高尾駅からは直通普通列車1時間45分で韮崎駅に到着。韮崎駅から増富温泉郷までバスで1時間。途中30分は町中であるが、その後30分は遠くに山々が見えて、壮大な景色が広がる。ネパールのサチコール村に行く道中を思い出した。今、山は茶色で覆われているが、春になったら緑が美しいだろうと思った。

療養の温泉として「不老閣」は１００年の歴史があり、天皇が皇太子時代にここに泊まって、百名山の一つに登ったそうだ。温泉は、30度のラジウム温泉と41度の普通湯を交互に入り、ラジウムは吸気が身体にいいらしくラジウムサウナもあり、食事は野菜中心で美味しかった。全体的に治癒客に心のこもった対応がなされリピーターが多いのも納得できた。

ラジウム温泉が身体にいいかどうかはまだ分からないが、やはり日本人は温泉ですね！　温泉に入り、ゆっくり養生し、自己免疫力を高めよう！

1月13日（月・祝）二人の女性

今日は午前2時に目が覚めてしまった。いつもの5時半の起床には早いので布団の中で米沢富美子さんの本『人生は楽しんだ者が勝ちだ』を読んだ。先日NHKの『あの人に会いたい』を見て、名前は知っていたが「すごい人がいるものだ」と興味を持ち本を読み始め、この本で3冊目になる。

米沢富美子は、湯川秀樹門下の日本を代表する世界的な理論物理学者。3人の娘を育てながら多くの賞を受賞され、女性で初めての日本物理学会会長をはじめ多くの肩書を持つ。ちょうど一年前、2019年1月17日、80歳で心不全で死去された。

こんなすごい天才・偉人が我が国にいたもんだ！　と、3冊とも一挙に読めるほど面白かった。更に、読んでいてビックリしたのは、35歳の時、子宮前がん状態で子宮を摘出し、44歳、45歳で乳がんで乳房摘出し、70歳で甲状腺がんを手術している。癌というと今の私は更に反応する。その上、7時間もの大手術の翌日、病室にパソコンを持ち込み論文を書いていたという。また、60代後半からは、『朗朗介護』の本に詳しいが、大阪在住の要介護5の母親の介護をしている。超天才の恵まれた女性であるが、一般の人たちが経験している子育てや介護、介護費用の心配などを明るくこなしているその姿に魅せられた。

あんな天才・偉人の足元にも及ばないが、それでも、病気だからとグズグズしていてはいけない！と励まされる。以前、元国会議員の田中美智子さんの本を3冊読んだ。田中さんは、生前私もお会いしているが、80歳で大腸がんで余命半年と宣告され、『さよなら さよなら さようなら』『まだ生きている』を出版され、昨年２０１９年2月11日、96歳で心不全で死去された。明るくて面白くて楽しい生き方に励まされた。

田中美智子さんは、国会議員引退後のがん手術、米沢富美子さんは現役バリバリでの4回にわたるがん手術と、置かれた環境は違うが、この二人の女性の明るく楽しい生き方が、今の私の道しるべである。


1月17日（金）「歌う楽校」再開！


昨年9月からすべての仕事を休んでいたが、1月15日、「歌う楽校」を再開。4カ月ぶり。楽生の皆さんは私がどんな姿で現れるか期待と心配をもって迎えて下さると思い、新調した〇万円もするニットのワンピースとアイルランドで買った赤いウールの帽子を被ってハデな恰好で出かけました。

11時からは「弾き語りギター部」。12時からは「歌う楽校」。まずいつものように健康体操から。今回からこの間私が毎朝しているロングブレス体操のポーズを二つ加える。健康体操の中には笑いヨガも。そのあと発声練習。合唱の一曲目は、２００1年アフガンの子どもを救おうと緊急出版したＣＤ

『おなじ空　おなじ子ども』の歌の練習。そして、中村哲さんに2002年2月3日、東京でそのCDの売り上げをお渡しした時の話。中村さんが話されたユニセフに関連した裏話なども披露。そのあともいっぱい歌って楽しかったねぇー。2時からは場所を変えていつものネパール料理店に移動し、交流会。私の復帰を祝って下さってか、ほとんどの方が参加して下さってとても嬉しかったです。

私は、4カ月間も人前に立ったことがなかったので、体力的にやや心配でしたが、結局、今までのように11時から3時まで4時間、皆さんの前に立つことができました。その夜は、息が身体にいっぱい入るようで気持ちよく、やはり歌うことは体にいいと実感。「溌溂とした横井さんに会えて嬉しかった」とも言われ、「音楽っていいなぁ。仲間っていいなぁ」とも思った喜びの一日でした。

そういえば！　カルロス・ゴーンが逃亡して偉そうに日本の悪口を世界に触れまわっているので、私は急に愛国主義者のようになって「日本をナメルナ！」と腹を立てている。安倍首相が「やってる感」を出すために莫大な税金を使って成果もなく世界中を回っていて、今回も中東に行った。私は「ついでにレバノンに行ってゴーンを連れてくればいいのに！」と怒っていたら、昨日の朝日の夕刊「素粒子」に「あのレバノンに行ってればなあ。中東から首相帰国」と、同意見あり。

1月22日（水）　先生に褒められる

私の抗がん剤治療は、3クール予定で、1カ月半ごとに4日間入院して点滴で注入する。すでに2回終わっている。その間に、二週間に一度外来で1時間の点滴が加わる。

先日、次回の入院の予定を決めるのに、病院に出かけた。採血と検尿をしてから先生と面談。検尿と採血でいろんなデータが出る。そのデータを見ながら先生が、「白血球や血小板などの値もいいですね。友寄さん強いですねぇ」と言われた。一瞬何が強いのか分からなかったが、副作用などもデータで出るので副作用がなくていいですね、という意味なんだろうと思った。開腹手術をし、入院していた時も、4日目ぐらいにやっとオナカで息が吸えるようになったのでそう話すと、「友寄さん強いですねぇ」と言われた。その時も、お腹で息が吸えることと「強いですねぇ」が結びつかなかった。

私の担当医は、丸坊主で一見大学生みたいな、実際は40歳になったばかりの優しい先生で私は気に入っている。先生も、抗がん剤治療を私は最初、抵抗していたが、今は、次の入院はいつですか？ 早くしてください！ と催促するので、私はよく言うことを聞くいい患者で先生にも気に入られていると勝手に思っている。

ただ、この先生は誉め言葉は「強いですねぇ」しか知らいのかなぁと思ってしまうが、それでも、毎朝体操はしてるし、食事療法もしているので、やっぱり先生に褒められるのは嬉しいものですね。

そういえば！ 20日から国会が始まり、安倍首相の演説が聞いていられない。この上っ面な空虚な言葉、気持ちが悪いよ。

1月31日（金） 強烈な味覚の変化

一昨日は「歌う楽校」。3月18日に一年の締めくくりの「お楽しみ発表会」を企画していて、ダブルデュオと言って4人で合唱をする。その練習に私も楽生も楽しくもあり大変でもある。

さて、私は、副作用はほとんどないと思っていたが、このところ食べたいものの欲求が強烈になっている。副作用によって味覚が変わるせいだろうか。先日、強烈にラーメンが食べたくなり、ほとんど行ったことのない中華レストランチェーンのラーメンと餃子を食べた。帰宅して横になったら、スープのせいか口が乾き、強烈にコーラが飲みたくなって、また起きてコンビニに買いに行った。夫に頼めば買いに行ってくれるが、なんだか後ろめたくもあり自分で行った。コンビニで見ているうちにサンドイッチが食べたくなり、続いて、ドーナツ、アップルパイ、アンパンと4種類も買った。帰宅して食べたのはサンドイッチだけだったが、食べ物に対してこんな欲求は初めてで我ながらあきれている。

続いて、毎日のニンジンジュースが飲みたくなくなり、酵素玄米ご飯も食べたくない。柑橘類など今までは大好きだったけれど、食べられない。私としては、食事療法としてジュースや玄米菜食をしていたが、四つ足の動物（牛、豚）を食べないのは続いているが、強烈な嗜好変化のために計画が狂ってきている。抗がん剤治療が終われば、元に戻ると思って、今は、食べたいものを食べればいいやと食事療法信奉を放棄している。ただ、食欲はあり、それも、昼にはあれを食べよう、夜にはこれだ！と強烈に食べたいものがはっきりしているので、食欲がなくて食べられないというよりいいかと思っている。

そういえば！　新型コロナウイルスのため武漢からのチャーター便に乗った人から、政府は一人8万円徴収するという。「桜を見る会」で、自分のためには勝手に予算を上回る税金を使っているのに！フザケルナ！　と叫びたい。税金は国民を守るためにある！

2月6日（木）　使ってはいけない言葉

先日、ある新聞で料理家の栗原はるみさんの記事を読んだ。彼女は夫の栗原玲児さんが美味しいと言ってくれたことがきっかけでプロの料理人になった。その最愛の夫を亡くされ、哀しみでしばらく放心状態だったそうだ。そうした時、周りからかけられた言葉について語られていた。「大丈夫？」「お気の毒ね」と言われると、「自分が大丈夫でないみたい」。「お気の毒」と言われると、上から目線のように感じた等々。

私もこの栗原さんの語られたことがよく分かった。私も癌になってそういう言葉をかけられることがあり、私自身は、悲しくも落ち込んでもいないけれど、同じように感じた。私は、喜びや幸せや希望などのプラス要因は分かち合うことが出来ても、苦しみや哀しみ痛みなどのマイナス要因は分かち合うことは難しいと思っている。何故ならプラス要因は感性があれば共感できるけれど、マイナス要因は肉体が感じるものでなり替わることはできないからだ。

使ってはいけない言葉では、他に「可哀そう」「大変ね」「頑張って」も入るカナ？　こうした言葉は、どんな状況の中でも、健康でも病気でも、若者でも老人でも、魂の上では対等平等という理念から外れ、上から目線になる時がある。人は人の痛みや苦しみに対しては、ただ寄り添い温かく見守るしかないのではないだろうか？

栗原さんの素晴らしい点は、自身も今まで慰めのつもりでその言葉を使っていた友人に「ごめんなさい」と伝えたということだ。今まで強靭な肉体を誇って生きてきた私も、謝らなくてはいけない人がたくさんいるはずだ。

私がかけられて嬉しい言葉は、以前、このブログで紹介したように「久美子さん病気になって張り切っているよ！　バンザイ！」とお手紙をくれた人のように、「元気そうで嬉しい！」と言ってもらうことです。ウソでもね！　今日から4日間、最後の抗がん剤治療のため張り切って入院してきます。

2月12日（水）　軟禁生活

クルーズ船の乗客たちは、今や国家によって軟禁生活を強いられている様相だね。私も4日間病院で「軟禁生活」だった。窓もあるし、廊下も歩けるし、今後の見通しもあったから雲泥の差だけれど、丸三日間72時間点滴の管を付けっぱなしだったから気持ちは分かる。病室では、本も読めるし、テレビも見られるけれど、早く点滴をはずして外へ出たい！　と思っていた。4日間でもそうだから、先の見通しもなくクルーズ船に14日間というのは、発狂しかねない状況だ。そのうえ、高齢者や持病を持っている人が8割という。

　この状況にいよいよテレビでの専門家たちも、今や検疫とか科学的とかではなく、人命救助という人道的な対応にシフトしなければならないと意見を変えはじめた。一番疑問なのは、たった3千余人の人たちの検査ができなくて、医療を行えなくて、国とはいったい何なんだろうか？　テロ対策などといい、国家が国民を管理することは考えて法律を作ろうとし、予算を増やすことは考えても、国民の生命を守り救うという視点は全くないではないか。そこに予算を付けて迅速な対応をするという姿が全然見えない！　今回の政府の新型コロナウイルスの対応を見て、この国の政府は国民の命を本気で守ってくれない！　と感じている。

2月20日（木）　強欲な胃

私の治療生活も、あと一回外来で点滴を受ければ、3クールの治療も終わり。あまり副作用もなく、終わりになりホッとしている。

抗がん剤治療を始めた頃は、四つ足肉を食べない、ニンジン野菜ジュースを大量に飲む、玄米菜食を旨とし、大枚はたいてスロージューサー、酵素玄米炊飯器、ヨーグルトメーカーなどを買いそろえ、張り切って食事療法に邁進していた。

ところが、2クール目を過ぎたころから味覚が変わり始めたのか、まず、ジュースや玄米や柑橘類や生野菜を受け付けなくなった。その代わり、これが食べたい！　これは食べたくない！　という欲求が強くなり、かっては食べなかったラーメン、肉まん、あんまん、あんドーナツをよく食べる。また、テレビの料理番組を見ていると、その料理がおいしそうで、口の中によだれが湧いてくる。かって口の中によだれが湧くことはなかった。これは食欲がある証拠なので良いことではあるが、食べたいもの、食べたくないものの要求がはっきりし、自分の胃の強欲さに驚いている。

例えば、料理番組でシーフードチャウダーやちらし寿司を作るのを見ていると、よだれが湧いてきて食べたくなり、すぐシーフードチャウダーやちらし寿司を作りたくなって食べる。また、朝、昼、晩の食事も、強欲な胃にお伺いをたてて、「今何が食べたいかなぁ？」と、よだれが出そうなその日の献立を考える。それが楽しみでもある。朝食など、パンケーキやおもち入りぜんざいや長いものグラタンなど、今まで朝食に食べてもいなかったものを作っている。甘酒も豆乳ヨーグルトも手作りした。

もうこうなったら好きなものを食べて暮らすしかないナ。食事療法は抗がん剤の薬が抜けてから（たぶん3月中旬頃）することにしよう！　四つ足肉だけは初志貫徹で食べていないが、いろいろ言われている副作用もないし、炭水化物や糖質をとっても量は食べていないので（味覚だけの問題で）体重もふえていないし、食欲がないよりは強欲な胃に振り回わされているほうが、身体にはいいかもしれない。

2月26日（水）　ウイルス戦争！

昨日25日、外来で点滴を受け最後の抗がん剤治療が終了した。バンザイ！　ヤレヤレ。実は、21日、朝からスゴイくしゃみと鼻水。花粉症が現れたと思ったが、午後になって8度3分の熱が出て、翌日も7度台の熱。花粉症では熱は出たことがなかったので、新型コロナウイルスだったらどうしようと思った。高齢者で、抗がん剤治療をしている人は2日間熱が続いたら連絡しなくてはならない。新型コロナウイルスは普通の風邪と違って5日ほど症状が続くのが特徴ということで、3日目に平熱になったので安心した。でもこの間、とっても心配した。

昨日、政府の基本方針が出た。テレビを見ていてガッカリだ。4日も5日もこんな状況になっても自宅待機しろ！　軽症者は診ない。重症者になるまで病院に行ってはいけない。一番腹が立ったのは、政府が前面に出て責任を取ろうとしないことだ。官僚に責任を押し付けてきたように、今回も、自治体や教育委員会や会社や主催者が判断しろと、国民に丸投げしている！

それに加え、ウイルス戦争に突入している危機感がないことの表れか、戦争には軍資金が必要なのに、対策費は予備費の2000億円のうちたった153億円。これでは、会社を休めと言っていても休業補償も出ない。今回韓国は大統領が率先していてその対応が素晴らしい。比較してみればいい。日本は防衛予算は5兆円。トランプから兵器を爆買いしているより、そのうちの1兆円でも使って国民の命を救い生活を保障することが第一ではないか？　今日からの国会審議で野党が予算の組み換えを要求する。このところテレビを見る時間が多いので私はいっぱい腹が立っている。厚労省だけでは解決できない！　安倍首相が国民を守れるのか？　安倍首相の本気度を見守っていきたい！

そういえば！　昨日、安倍首相の突然の「全校休校」の発言に呆れた！「桜を見る会」をやめた！というのと同じ水準。言うだけ言って、それによって起こる対策は「走りながら考える」だって！　結局、首相の「やってる感」を見せたいだけ!!

3月6日（金）　大きな顔されている！

2月25日に最後の3クール目の外来の抗がん剤治療を終え、これからはクスリが抜けるのを待つばかり。バンザイ！　ヤレヤレと思ったが、どうも、今、私の身体はクスリに大きな顔をされているようだ。

昨年11月に治療を開始して以来、大きなカレンダーに副作用の様子を記している。1クール目は、世に言われる「抗がん剤に殺される！」などという副作用がどんな風に現われるか身構えていた。髪の毛が半分くらい抜けるという顕著な副作用と吐き気や貧血が少しあった。12月末の2クール目は、髪も抜けず、1クール目より副作用も少なくナーンダと思っていた。でも、2月初旬の3クール目以降は、どうも今までの薬が溜まってきて（あるいは効いてきて）いるのか、私の意志よりもクスリの方が大きな顔をしている感じがする。

　水泳の池江選手が「今ここにいるのが奇跡」というような苦しい副作用は私は一切ないし、3クール目は髪も抜けないし、白血球もヘモグロビンも正常。でも、便秘と味覚障害がある。便秘に関しては一時間もオナカをさすったり、山芋を食べたり、冷たい炭水化物を食べたりと、どんなに努力してもダメ！　処方された便秘薬も効かなくて、私の味覚は相変わらず超ワガママが治らない。朝の儀式のようなヨガ的ロングブレス体操も、気力がなく、10日間休んでいる。

　結局、私の身体は、今までのクスリが溜まってきて、クスリに占拠されていて、自己管理ができない状態なのだ。治療を始めた頃は、「快眠、快食、快便」を目指し、食事療法や免疫力UPに邁進し達成感もあった。しかし、今は、「快眠」はクリアしているけれど、あとの二つは手に負えない。だからこの際、抵抗するのをヤメることにした。あと、1週間ほどすればクスリが抜ける。それまでは、あなた（クスリ）の好きにして！　と。

　そういえば！　安倍首相、またやりましたね、入国制限。何をいまさら水際対策。オリンピックと支持率低下におびえて、周りに相談もせず「積極果断な措置を講じる」と言葉の勇ましさに焦りが見え見え。

3月12日（木）　快気祝い

　予想通りやっとクスリが抜けてきたようで、便秘も味覚障害も治ってきた。久しぶりにお茶を飲んだら、美味しいお茶の味がした。

昨年10月に腎盂癌の手術で11日間入院し、その後、4日間の入院を3回、外来での点滴を4回して、4カ月にわたる抗がん剤治療を2月末で終えることができた。この間たくさんの方からお見舞いをいただき、とても励ましていただいた。

私は、最初から癌は完治しない病気と覚悟しているので、自分自身の一区切りとして、また、自分へのご褒美として「快気祝い」をしようと思った。お見舞いを下さった方々への報告も兼ねて。

今回の新型コロナウイルス騒動でいろんなことが〝自粛〟されているけれど、少しでも楽しいことを考えて、うっとおしい気分を払拭して、気分を盛り上げなくちゃ！

1月から私の主宰する「歌う楽校」も再開し、春からコンサートも再開する。また、来年1月、3月のコンサートの依頼もあり、とても励みになっている。

新型コロナウイルスの収束は年を越すという意見もある。だったら〝自粛〟や〝萎縮〟をしないで、社会生活を取り戻しながら正しく恐れて、コロナと付き合っていく生活スタイルを見つけたいものですね。

私も、秋にはネパール・サチコール村へ行く目標を掲げ、今後は更に癌と共存しながら食事療法や免疫力をUPする生活を心がけ、新型コロナウイルスにも負けないように体を鍛えていくつもりです。この5カ月間、皆さまからの温かいお心づかいに本当に励まされました。ありがとうございました。

そういえば！ コロナ騒動の中で特措法が成立しそう！　その中の非常事態宣言の危険性が、私も含めて十分国民に伝わっていないのが心配。こんな法律通しちゃいけないのに！

3月20日（金・祝）「歌う楽校 お楽しみ発表会」

3月18日（水）、「歌う楽校」の「お楽しみ発表会」をしました。本来、昨年の12月の予定でしたが、私の病気のため3月になりました。

ただ、世間は新型コロナウイルス騒動でいろんな催しが自粛、中止になっていて、私も開催していいものか迷いましたが、収束は年を越すと言われているウイルスには、自粛や萎縮をしないで、正しく恐れて日常の市民生活を取り戻さなければ！　と思い決行しました。

この日は、来場したらすぐアルコール消毒をし、マスクもし、窓をあけて3台の換気扇を回して始めました。

「歌う楽校」では、合唱もしますが、ダブルデュオと言ってアルト2名ソプラノ2名の4人でアカペラ（無伴奏）で歌う練習をしています。これは伴奏がないので結構難しいのですが、「歌う楽校」も10年を過ぎ、今回は皆さん見事に美しいハーモニーを聞かせてくれました。

皆さんの課題曲、自由曲も、創造的で素晴らしかったのですが、何といっても凄かったのは、後期高齢者が見せてくれたサプライズパーフォーマンスです。私たちは、自分より年配の方たちの元気な姿をみるととても励まされるのですが、まさに、今回、そんな場面を後期高齢者の方たちが示してくれました。その内容は、下段のレポート欄をご覧ください〈略〉。

やっぱり皆さんと会って、歌って、話して、という人と人との交流は何にもましてスゴイ力をもっているものだと改めて感じた「お楽しみ発表会」でした。併せて、私の勝手な自画自賛の「快気祝い」

もしていただき、幸せいっぱいでした。ありがとうございました。

そういえば！ ほとんどの人がオリンピック開催は無理と思っているのに、「完全な形」で決行しようとしている人は何のため？　お金のため？　まさか安倍首相の「花道」つくりではないでしょうね！

3月26日（木）　やや想定外

抗がん剤投与の1クール、2クールを終えた経験から副作用はマアマアこんなもんかと想定していたのですが、3クール後はやや想定外だった。

例えば、以前も副作用として額に発疹ができたけれど、数日で消えた。今回は、頬に同じような発疹ができたけれど、「あぁ、あれか」と思っていたらダンダン大きくなり、「えっ、このまま頬に跡が残ったら、人前に出られないよ！」と気が気でなかった。また、多少の息切れも想定内だったけれど、どうも、前回よりひどいなぁ。理由は3クール後は、①今までの薬が溜まってきている、②味覚障害のために食事療法ができなかった（食事療法は副作用を軽減する）。

抗がん剤終了を一区切りとして「快気祝い」をして、勝手に盛り上がっていたけれど、すぐ突っ走ってしまう自分のせっかちさを思い知らされた。毎朝、ストレッチとヨガ的ロングブレス体操を40分間していたのも10日間できなかった。それに私は腎臓が一つしかないのを再認識。そうだよなぁ、腎臓も相棒がいなくて一つで働いているのだから、アンタも疲れるよねぇ。

ただし、現在、頬の発疹はダンダン消えてきて、ワシントンの娘にフェイスタイムで顔を映して「ホラ見て」と訴えても、「何にもできてないじゃない」と言われる。ともかく、「快気祝い」など、自分で盛り上がって、「ヨカッタね。おめでとう」と皆さんに言われていい気になっていたけれど、想定通りにはいかないものだ。とはいえ、頬の発疹もなくなったし、髪も抜けていないし、体操も昨日から再開できているので、まったく想定外ではなく、やや想定外ということかな？

そういえば！　今回のオリンピック延期で、オリンピックがいかにお金まみれか分かった。「アスリートファースト」は口実・建前で、本音は、ＩＯＣも安倍首相も小池都知事もその他オリンピックの団体も、自分の利益・利権ファーストが見え見え。

4月1日（水）　モグラが首を引っ込めた！

一昨日、3月30日、病院へ行った。4カ月にわたる抗がん剤でどうなったかＣＴを撮ってから先生に結果を聞いた。昨年10月の手術で取り切れなかった箇所があって、そのために抗がん剤治療を開始したのだけれど、それが消えていると言われた。

私は、3クール目のあとは体調がよくなかったし、切ったところが痛むし、クスリは効いていないのではないかと覚悟していたので、先生の話を聞いてビックリ！「でもお腹がチリチリ痛い時があるのですが？　本当によくなっているのですか？」「手術後には傷跡がそういうこともありますよ」。

苦労して受けた抗がん剤治療は効果があったのだ！　ヨカッタ！　でも、癌は完治しない病なので、「治ったではなく、今は、消えているだけ」と心している。モグラが叩かれて首を引っ込めているだけで、また、気を許したら顔を出してくるだろう。

今日は4月1日、世の中新型コロナウイルスで入学式もできないようだけれど、とりあえず癌が消えたので私には新学期だ！　今日から計画をたて、しばらく放棄していた食事療法や免疫力を高める生活を再度ビシバシとするつもり。また、コロナ自粛で、身動きできないピンチをチャンスに変えて、もういちど日々の暮らし方を考えてみる機会にしたい。私にとっては、新しいスタートラインに立てて気持ちがいい！

「歌う楽校」も4月はお休みにした。自粛や萎縮をしたくないと思っていたが、日々のコロナ情報に、「楽校」も高齢者が多いので、皆さんに来てもらうのが大丈夫かなと心配で一喜一憂してしまう。それがストレスにもなるので休校を決定したが、その後の感染者の数をみると決定してヨカッタ！

そういえば！　出た出た！　安倍首相の珍答弁！「募集ではなく募っている」に続いて「花見は公園ではなくレストラン」。どっちでも数人での花見は花見なのに！　もう一つ、業界団体バックの自民党から出ているお肉券やお魚券などのお買物券案。私たち国民は、そんなもの貰っても不便。そんなにしたければ、お買物券は、国会議員の歳費と交換してあなたたちが使って下さい！

4月8日（水）「下からの総動員体制」

イヨイヨというかヤットというか、昨日、「緊急事態宣言」が出された。蔓延する前に早く出した方がいいのではないか、何をグズグズしている？　経済より命の方が大事ではないか？　と私も思ったし、多くの人が思ったと思う。しかし、相変わらず要請お願いである。権力を行使されるよりはいいとは思うが、今朝の朝日新聞の「多事奏論」で、こうした人々の思いが「下からの総動員体制」にならないか？　と危惧していた。

「政治が自粛要請ベースで対策を進めていくのは、政治責任も、経済損失を補償するコストもかからない一番楽な方法だからだ。これは責任を国民に押しつけ、結果的に『下からの総動員体制』というべき相互監視システムを作り上げてしまう。立憲国家としてあるまじき姿だ」

そうかもしれないなぁ。私もその一端を担っているのかもしれない。危ない危ない。「人類と感染症との戦いは、国家による公衆衛生と個人の人権のせめぎあいの歴史でもある」と言われるが、つい人権より公衆衛生を先に考えてしまう。でも、この新型コロナウイルス防止のために憲法で保障されている学ぶ権利や、営業や表現や移動の自由が奪われているのも事実だ。これらとどう折り合いをつけていくのか難しい。

ただ言えることは、要請にしろ特措法という法律のもとで行われることに対しては、補償とセットにしてほしい。そんなにお金がないと言うなら莫大な防衛費をコロナ対策にまわしてほしい！　核兵器やミサイルや軍事兵器をどれだけ持っていても新型コロナウイルスには勝てないよ！

そういえば！　コロナ経済対策は、「愚策」という意見がメディアでいっぱい。30万円なんて対象者の20パーセントしか貰えないし、手続きも大変。安倍政権の困っている人への真剣度は「マスク2枚」程度の発想力ですね！　以前、クリスマスにランドセルを配った「タイガーマスク」のつもりかもしれない。「アベノミクス」をもじって「アベノマスク」も「アベノリスク」、いいね！

4月14日（火）　私の身近でも！

新型コロナウイルスによって各所で多くの問題や被害が起きていますが、私の身近でも起きはじめました。5月に予定していた藤沢市のコンサートが、会館が閉館で休止。6月の福山市でのコンサートも。そして、一昨日、かわさきおやこ劇場から手紙が届きました。

「創造団体・音楽家のみな様へ　かわさきおやこ劇場閉局のため、２０２０年度例会企画として決定していたすべての例会（２０２１年5月まで）と２０２１年度の企画作品紹介パンフの発行を取りやめることをお伝えし、ご理解いただけるよう、お願い申し上げます」

１９９６年、私は新しい観客層と出会いました。それがかわさきおやこ劇場でした。かわさきおやこ劇場は、「優れた生《なま》の舞台芸術によって子どもたちに生きる力を！」と、文化と深く結びついた地域ぐるみの子育て運動でした。それまで、大人の前でしか歌ったことがなかった私は、３歳からの会員を前に歌う初めての体験をし、子どもたちの感受性の素晴らしさに学ばされました。そして、おやこ劇場というのは「ナント上質な人間たちの集まりだろう！」と、子どもたちのために活動する劇場のお母さんたちにも感動しました。

それ以来、24年間、なんども素晴らしいコンサートをしていただき、私の50周年コンサートも、かさわきおやこ劇場からものすごくたくさんの方が参加してくれました。小学生の頃歌を聞いてくれた子どもたちが、青年になり、母親や父親になっても、「横井さんの歌で育ちました」と、私の歌を愛してくれました。今思えば、私自身もおやこ劇場によって育てられたのです。

１９７１年に創立したかわさきおやこ劇場は、半世紀に及び、母と青年が力を合わせて「生の舞台芸術」を生活の真ん中において、地域をつくり変え、子どもたちの人間性を高める仕事をしてきた歴史に、断腸の思いでピリオドを打ちます。

本当に断腸の思い、残念、無念だと思います。でも、こうした決定を「意義」に縛られ、しがみつくのではなく、「会員から感染者を出さない！」と、みんなで民主的に判断されたことがやはり、かわさきおやこ劇場は、素晴らしい団体だと思いました。

というわけで、春だけでなく来年1月に予定されていた川崎のコンサートも無くなりました。今朝のニュースで、ドイツ在住の日本人音楽家がコロナのためにキャンセルされた補償をネットで申請したら、二日後に3カ月分日本円で60万円が振り込まれたそうです。さてさて、日本とは比べられないですね！

そういえば！　アベノマスクに続いて『うちで踊ろう』の動画に批判殺到！　休業要請でお店を閉めなくてはならない人たちがいる時、パンデミックを目の前にしている時、こんな優雅すぎる動画をUPするなんて！　こんなことしか助言できない内閣官房の取り巻きしかいない安倍首相はもはや「裸の王様」！　いや、ずっと以前からか。

4月23日（木）　水曜テレトーク

私の主宰する「歌う楽校」も4月から休校しています。コロナは、命を脅かすと同時に人類史上、私たちが長い年月をかけて勝ち取ってきた数ある自由（集会の自由、移動の自由、学習の自由、営業の自由、表現の自由など）をことごとく奪っています。コロナの収束は先が見えません。せめて、「歌う楽校」だけでも「つながる自由」を作りたいと思って、テレワークならぬテレトークを「楽校」の皆さんに呼びかけました。

水曜日の午後2時から3時までの一時間、30人の「楽校」のメンバーで「お元気ですか？」と電話をしあいましょう。皆さんと創ってきた「歌う楽校」の人間力溢れるつながりを大切にし、再会した時は、この「水曜テレトーク」のおかげで、お互いのつながりが更に深くなっていることを願っています。

昨夜のNHKの『ガッテン』でも報道されましたが、コロナによって人と繋がらないので孤立し、孤独になる人が増えているそうです。ハグとか身体をさする「タッチケア」は、孤立・孤独をなくすいい方法ですが、今の状況ではできません。でも、「好きな人の声を聴く」だけでも幸せホルモンであるオキシトシンが出るそうです。

また、別のフォーカスですが、電話での振り込め詐欺になぜこうも簡単に騙されるのかというと、振り込め詐欺の同じ言葉を、電話で聞く場合とスピーカーで聞く場合、スピーカーから聞いた言葉では殆ど騙されないそうです。つまり、電話による耳元からの会話はとても親しみやすく説得力があるということでした。

テレワークなどで、テレビ電話も流行っています。私も毎週ワシントンの娘一家とテレビ電話をしていてとても楽しみにしています。でも、家族だからどんな格好していてもどんなふうに見えてもいいですが、他の方とするのは身なりから気になりますよね。

というわけで、「歌う楽校」の「水曜テレトーク」、どんな風になっていくでしょうか？　楽しみです。電話によって幸せホルモン（オキシトシンなど）をいっぱいだし、人とつながって幸せな気分でこの閉塞感あふれる日常を乗り切りたいです。

また、このHPをご覧下さる方で横井に電話をしてみたいと思われる方は、水曜の午後1時半から

2時にお電話下さい。お待ちしています。

そういえば！　テレビ番組もテレワークが盛んで自宅からコメンテーターが参加していますが、スタジオでの顔より自宅からの顔の方が不細工に見えますね。たぶんこれは、スタジオでは照明も多く、また、カメラのアングルのせいでしょう！　こんなことがあるのでテレビ電話は家族だけです！

5月3日（日・祝）電話をするエネルギー

「歌う楽校」の「水曜テレトーク」をはじめてから一週間。電話をもらうのはいいけれど、自分からかけるのは、とためらう人もいる。私自身もそれに近いし、身近に、電話に限らず人と話すのは絶対イヤ！という夫がいるので、そういう人の気持ちはよく分かる。

電話をかけるというのは、凄いエネルギーが必要だ。それでも、「歌う楽校」の30人のメンバーで一番のエネルギーを持っている方は86歳の最高齢者の方。それも3カ月間も入院生活をされて「まだお風呂にも入れないし、足腰はボロボロよ」と言われる方だ。「今日は4人の人と話せて楽しかった！こういう企画をしてくれて本当に嬉しい」と言って下さる。

そして、概ね、そういうエネルギーを持ち、行動力があるのは、高齢者が多い！　何故だろうと考えてしまう。それは、いわゆる後期高齢者世代になると、他人からどう思われるかなどのいろんな「縛り」が取れて「天真爛漫」になるからではないだろうか？

そう思ったのは、ここ数日続けて高齢者の女性の友人と話す機会があって、二人とも「えっ、この人こんな人だったの？」と思うほど、明るく抜けて元気な様子だったからだ。それぞれ病気を持っていたり、身内で大変な状況を抱えているのに！である。

そして、私も病気があるけれど、たぶんそんな風になっている気がする。年を重ねるのは悪くないな、と思う五月のステイホームを満喫しているこの頃です。

また、このHPをご覧下さる方で横井に電話をしてみたいと思われる方は、水曜の午後1時半から2時にお電話下さい。お待ちしています。

そういえば！　今日は憲法記念日。安倍首相がやっぱり「緊急事態条項」を持ち出した。コロナの失政を顧みず、自粛がうまくいっていないのは、憲法に問題があるかのように。えッ、憲法変えれば、PCR検査ができるんですか？　マスクが手に入るのですか？　医療現場に防護服など届くんですか？　自宅待機で死なずに済むんですか？　憲法に緊急事態条項をいれなくてもできることはいっぱいあるでしょ！

5月12日（火）　はじめてのWEB署名

私も今日、WEB署名を初めてしました。

「#検察庁法改正法案に抗議します」とともに「黒川弘務東京高検検事長の定年延長を認めた閣議決定を撤回し、黒川弘務検事長の即時辞職を求めます」。

テレビや新聞で見ていましたが、安倍政権が1月31日に閣議決定で、黒川現東京高検検事長（63歳）の定年延長を、本来2月8日定年のところ8月7日まで延長しました。

これがなければ、7月で勇退する稲田現検事総長の後任は、現名古屋高検検事長（7月30日が誕生日で63歳）が有力視されていました。黒川高検検事長は、安倍政権寄りの人物。検事総長は時の首相でも逮捕できる権限を持っている。もし、政権に忖度《そんたく》するような人物が検事総長になればどうなることだろう。

署名の要請にあるように、「『カジノ汚職事件』や『河井夫妻の公職選挙法違反事件』が表面化し、安倍首相自身も『桜を見る会』に関連した疑惑が浮上しています。黒川検事長の定年延長⇒検事総長昇格は、これらの事件の捜査が進むことを阻止し、政権の保身を図ることにあるのではないかと言われています。権力を私物化し、『厳正公平、不偏不党』という検察庁の理念を根底から脅かす事態を、私たちは断じて認めることはできません」。

本当にその通りです。コロナのどさくさに紛れてこんな法律を強行しようとするとは！　私は、安倍首相の記者会見を見ていて「安倍首相からプロンプター（画面原稿）を取り上げよう！」キャンペーンをしたいと思っていました。プロンプターを見ながら話しているので、国民への支援金開始の８日を８月と読み間違えたり、大層なことを言っていてもチットモ心に響かない！　自分の言葉で喋っている他国のトップや日本の知事と比べて、ナント見劣りすることか！

だから更に外国のメディアに評されるように「驚くほど無能」にも見える。でも、こんな大切な時期にも自分の今後の保身を考えているのだから、国民へのコロナの心配が、口先だけなのはアタリマエよね。ヤッパリ！

それにしても数がスゴイ！　５００万にも迫るツイートが私の怒りをやや鎮めてくれました。

5月22日（金）　クスリが効いていなかった？①

4カ月にわたって抗がん剤治療をした結果が出たので病院へ行った。先生は、「抗がん剤が効かなかった。肝臓に転移しています」と残念そうに言われた。それで、免疫療法を勧められた。ただ、この免疫チェックポイント阻害薬キイトルーダは、今の病院ではできないので、立川病院へ紹介状を書くと言われた。

私は、たとえ治っていなくても、これ以上化学療法を受けるつもりはなかったので、「立川病院に行って、どんな治療法かその先生のお話を一応聞くけれど、聞くだけで受けなくてもいいですね」と、断ることを前提で話していた。そしたら、先生は「その場合は最後まで僕がここで面倒みますよ」と力強く言ってくれた。それで調子にのって「先生！　私は今は、ちょっとダルイぐらいだけなんですが、最終的に癌というのはどういう症状になって死んでいくんですか？　死ぬ時ってどんなんですか？」と突っ込んだ。「痛みがきて、でも痛みはモルヒネなど使って抑えて、自宅まで医者が行ける緩和ケアシステムもありますから紹介しますよ」と、なんだかご臨終まで聞いてしまった！

翌週、息子がまたついてくると言ったが断って、夫と二人で立川病院へ行った。聞くとこの免疫療法は、３週間に一度、外来で30分の点滴を4カ月〜6カ月ほどするのだそうだ。毎回血液検査をして様子を見ながら途中で辞めてもいいと言われた。この免疫阻害薬は、説明することは難しいが、オプシーボと並ぶ、それよりよく使われている薬だそうで、抗がん剤より劇薬でなく、ただし、効く人は３割ということだった。

話を聞いていて、感じのいい先生だし（相性ってあるからね）、入院しなくてもいいし、３週間に一度だし、立川病院はドアtoドアでバスで15分ぐらいの超便利なところにあるし、この薬は昨年12月に保険が適用されたばかりだし、と思って、初志貫徹を急変させて、その場で早速治療を受けることに決めた。

私は、自画自賛型の人間だから、いつも「私はなんて運のいい女だ！」と思って生きている。最近では、50周年コンサート。今年だったらコンサートは出来ないし、今頃数百万の赤字を抱えて四苦八苦している。この免疫阻害薬もオプシーボ同様に数年前から使われているが、昨年12月に保険適用になり、まして私は75歳だから一割負担だ。なんて運のいい女と言わざるを得ない。この話は続きがありますので次回ね！

そういえば！　なんということ！　皆の力で検察庁法案をとりあえず延長？させたのに、その張本人が「かけマージャンしてました」とあっさり辞任。この逆転劇、スピード解決にはどんな裏があったのか知りたい！　それも、賭博罪なのに、懲戒免職でなく訓戒で７０００万円の退職金を手に辞任。コロナ自粛で倒産する飲食店やアルバイト代も入らない人たちがいるというのに！　結局、安倍首相はまたまた他人のせいにしている！　この国の政治には絶望的になるが、少し希望があるとすれば、自粛生活でみんなが国会中継などのテレビを見るようになり、安倍首相の「人柄が信頼できない」という人が急激に増えていることだ。

5月30日（土）　クスリが効いていなかった？②

前回、肝臓に転移したことを書いて、たくさんの方からお見舞いをいただき、また、ご心配おかけしました。「友寄さんは強いから何でも話しますね」と医師から話を聞いたのは、一カ月以上の前のことで、私も、癌は完治しないと思っているのであまり衝撃もなかった。だから、ブログに書くのはやめようと思っていたのだが、その一週間ほど前、伊勢市の81歳の女性から電話を頂いて、「そうか！」と思うことがあり書いたのです。

その方、Mさんは、ＯＫバジさんの大ファンで、伊勢市の慶蔵院のコンサートで私の歌を聞いて私にもカンパなど託して下さったが、私自身は直接の面識はなかった。この2月に桜井ひろ子さんと一緒にネパールに行く予定だったが、家族の反対でやむなくキャンセル。いまだに悔しいと言っていた。

Mさんは、10年前、泌尿器系の癌を患い、6クールの抗がん剤治療をし、その後再発もせず、現在に至っている。その副作用との壮絶な様子を聞いて、私の癌が転移したのはヤッパリ薬が効いていなかったのだ！と思い当たったのだ。治療中も、薬が効いていないんじゃない？と頭をよぎったが、一方で、私は体力があり、他の病気もないし、食事療法もやってるから副作用が少ないのかも？と自画自賛していたのだ。一時間近くMさんと話し、「ヤッパリね！　副作用が少なかったのは、薬が効いていなかったのだ！」と妙に納得してしまった。

このブログを癌関係の方もご覧になっているようなので、私は転移のことも書こうと思ったのだ。ただ、昨日、友人から電話があり、「私の乳がんの友人は副作用がなく、ここ数年転移もしていないよ」ということだった。フーン、いろいろだねぇ。

最近思うことは、人間の顔、形、気質が誰一人として同じでなく個性的であるように、60兆の細胞で出来ている人間の癌も一人一人違い個性的なのではないか？ということ。癌は個性的！　でも、医学は、データをとり、平均を出し、薬を決め、調合する。だから当たる人には当たり、当たらない人には当たらないということかな？「癌は個性的」だから百発百中の薬の開発は難しいでしょ。だから、医者にすがったり、薬にすがったりはしない方がいいと心に決めている。

そういえば！　よくも「日本モデルの力」なんて自分の成果のように言えるね。これは「大阪モデル」のように、自粛宣言前にいう言葉であって、自粛後、終わってから言う言葉じゃないでしょ。と、思っていたら、またもや出た！　専門家委員会の議事録が取られていない！　後世にどのような教訓を残せるというのか！

6月1日（月）　島袋美恵子さんを悼む

5月末、突然の訃報が飛び込んできました。島袋美恵子さんが急死されたのです。

島袋さんは、国立市の三多摩青年合唱団の団長を長く務められ、特別な付き合いはなかったが、お互い若い頃からの知り合いだった。定年後、郷里の沖縄に帰られ、２０１７年2月に沖縄大学で「横井久美子平和コンサート」をすることになり、彼女に再会した。

三多摩青年合唱団はうたごえ運動の合唱団として全国1、2をあらそう高いレベルの合唱団で、その団長をされた島袋さんは、さすが指導力、組織力があり、「平和コンサート」の成功のために中心的な役割を果たして下さった。あのコンサートは、島袋さんがいなかったら成功しなかったと今でも感謝している。

島袋さんには、同じ年の11月「おいで一緒に in くにたち」に出演していただき、「沖縄の心をうたう」として、ウチナー口で『さとうきび畑』などを歌って下さった。また、昨年7月の「横井久美子50周年記念コンサート」にも沖縄から来てくださって、『おいで一緒に』の出演者として皆さんと一緒に舞台に立ち、歌ってくれたのです。

その後、私とは直接の音信はなかったのですが、合唱団の方が数日間電話をしても繋がらないので、一人暮らしということもあり、市役所に電話をして、警察が訪れたところ、玄関に倒れていたそうです。死因は急性呼吸器不全ということで、その他のことはまだ分からないようです。

まだ、60代です。地元でも活躍され、お母さんコーラスの指導者として全国コンクールで一位にもなったそうで、今後の活躍も期待されていました。残念です。こんなに急にふっといなくなってしまうなんて！　人の命ははかないですね！　人生なにがあるか分かりません。だから今日一日を精一杯生きましょう！　私の歌『風の中のレクイエム』のように、きっと島袋さんもその日まで精いっぱい生きられたのですから♪涙はやめて拍手を送ろう♪と、島袋美恵子さんの人生に拍手を贈りたいと思います！

6月9日（火）　オンライン個人レッスン

6月中旬から「歌う楽校」を再開しようと思ったが、東京は感染者がおさまらず、「楽校」のメンバーは高齢者も多く、コロナへの恐怖から外出への警戒心もある様子なので、しばらくは集まって歌うという形を中止した。

その代わり、オンラインレッスンを開始することにした。まずは25分の個人レッスンから始めて、多くの方がオンラインができるようになったら「歌う楽校　オンライン合唱」を目指したい！

私自身は、昔、ワシントンの娘の家でニューヨークの先生からオンラインレッスンを受けた経験もあり、東京の発声の先生もコロナ以前からオンラインレッスンをしていたので、様子は分かっていたが、でも、自分がホストになって、つまりミーティングの開催者になるのは初めてなので苦労した。

ワシントンの娘はすでにテレワークなどしているし、アメリカ人の夫もＩＴ企業のプログラマーなので、手取り足取り教えてもらった。私のパソコンのカメラが起動しないので、ＷＥＢカメラも贈ってくれた。これでＯＫ！　それではテスト！　と、前田さんと試してみたら手順が分からなくなってうまく行かない！　ワシントンにＳＯＳ。娘の指示通りに動いて、ＺＯＯＭのミーティングにワシントンの娘と私と前田さんの三人が画面に映った時は感動的だった。

私はこのＨＰはずっと自分で作っているので、手順は慣れているけれど、数カ月も休んでいたら分からなくなるだろうなぁ。こういうことは慣れるまでに時間がかかるかもしれない。

自粛生活で、悪い面もいっぱいあるが、こうして新しいことが体験できることはいいことだ！　こういうことを経て、人間と人間が顔を合わせて集うということが私たちにとってどんなに大切で素晴らしいことかが分かってくると思う。人は人によって生かされてるんだから。

さて、オンライン個人レッスンの申し込みは、高齢者が多い「歌う楽校」の生徒にはハードルが高いかな？　と思っていたら、ナント86歳の方をはじめ結構申し込みがあり、皆さんの好奇心、行動力に驚いている。初日は６月12日。うまく行きますように！

そういえば！「ＧｏＴｏキャンペーン」の２割もの事務局費。持続化給付金のトンネル会社。倒産したり、生活していけない人たちがいっぱいいるのに、この税金の私物化！　コロナで国は、ヤルヤル詐欺で何もしていないよ。国会議員はもっと働け！　17日で国会を閉じるな!!

6月16日（火）　日本各地からどなたでも！

オンライン個人レッスンを開始したが、とっても楽しかった。こんな風に真正面から顔を合わせて、話をしながらレッスンすることができるとは!!　コロナの時代だからこそ、新しいツールを手に入れることができた。

この感動は、何十年も前、インターネットでホームページを立ち上げた時と同じ感動だ。それまでは、自分の演奏活動は財力のあるプロダクションに所属し、自分をそれらしく「売って」もらわなくてはならなかったが、インターネットによって、自分自身で等身大の広報活動ができるようになった。それと同じ感動を味わった。

もちろん、直接人と人が出会い、人間としての全体の存在を感じるライブ感に勝るものはない。「肌合い」をオンラインからは感じない。例えば、TVのコメンテーターもそうだったが、画面では、多くは上半身しか映らないので下はパジャマということもあり、人間丸ごとの全体像をキャッチすることについてはオンラインは劣るでしょう。

生身の人間と出会うことが一番。でも、オンラインはそれに次ぐ優れものだと感じた。オンラインは、コロナのために自粛、家籠りを余儀なくされた私たちに、改めて、人とつながる新しい世界を広げてくれ、私自身も一歩踏み出すことができた！

という訳で、日本各地からどなたでも参加できる「横井久美子オンライン個人レッスン」を開催しますので、全国の皆さんにお知らせします。下段に小舘さんが体験談を載せてくれ、詳細の中では87歳の武藤さんの体験談も掲載しています。〈略〉

そういえば！　イージスアショア計画中止（断念では？）。アリが群がるように持続化給付金の中抜きシステム、政府が勝手に使いまくりそうな10兆円の予備費などに腹が立っていたが、アメリカからの武器の爆買いの落ちがこんなことに！　私たちの税金を自分のお財布のように勝手に使いまくっている。この政治の仕組みを何とかしなくちゃね！

6月26日（金）　何でもガンのせいにするな！

「歌う楽校」に参加している大沢さんから「横井さんの身体を少しでも楽にしてあげたい！」という申し入れがあった。大沢さんは師範の資格を持つリンパ療法師、整体師である。私は、針とかカイロプラティックとかマッサージとか気功とかを体験したことはあったが、リンパとか整体とかは初めて。6月10日に大沢さんの施術を受けた。

このところ私は、強い痛みではないが背中がジンジン、チリチリして、息切れも加わり、そのために体力が消耗していくのを感じていた。ガンとはこういう風に人間の身体を侵食し、体を衰弱させていくのかなぁと思っていた。

その日、遠くから来てくださった大沢さんと、ちょうど前田さんもいたので、まず3人でおしゃべり。それからうつ伏せになるように言われ、骨格のゆがみが瞬時に判断できる魔法のような「筋診断法」をされ、それに基づいて、骨格を矯正。足の長さも私は3ミリ、前田さんは5ミリ差があるといわれ、骨盤を押して正常にしていただいた。そのあとは、プラスとマイナスの微弱電流の流れる小さな器具を使ってリンパの流れを診断。流れの悪い箇所はイタッタ！と痛い。リンパが滞りなく流れるようにリンパの反射ポイントをゆるめていく施術。1時間余り丁寧に背骨とリンパの流れを整えて下さって終了。

さて、体はどうなったか？ スゴイ発見があった。背中の不快感がなくなった！ だから背中がスッキリして気力がみなぎってきた！ これには私もビックリ！ 人間の身体の中で背骨バックボーンはこんなにも重要なのか！ また、身体の老廃物を流すリンパの流れもよくしてもらったおかげか、終了後、気力が一瞬にしてみなぎってきたのだ。

それにしても70歳を過ぎれば、健康な一般人でもどこかに不調があるのに、つい、私はなんでもガンのせいにしていた。体調もよくなり気分も晴れて嬉しいが、背中の不快感がガンのせいではなかったという発見があったことが嬉しい。大沢さんのプロの技と優しさに感謝しています。

そういえば！ 政党交付金という私たちの税金が、票を買う資金として使われていた前代未聞の河井夫妻の買収事件。「安倍さんから」という言葉まで出てきた。河井夫妻とともに、買収資金の原資を出した安倍首相を逮捕してほしい！

7月3日（金）「歌う楽校」再開！

7月1日（水）、「歌う楽校」を3カ月半ぶりに再開しました。いつものレッスンは地下ですが換気をよくするために、同じ向陽ビルの3階で窓を開けて、風を通し、来場時に手洗い、歌う時はフェイスシールドをしました。「歌う楽校」のメンバーは遠く飯田市、秩父市からの方もいて30名。新型コロナウイルスがゼロになることは今後もないし、越境も解禁になったし、ともかく10名くらいでも再開しようと思ったのですが、ナント20名の方たちが集まり嬉しいやら心配やらでした。

フェイスシールドをした写真などレッスン風景は下記のレポートをご覧ください。また、早速、何人かの方から感想を頂きましたので紹介しています。〈略〉

「うたごえ新聞」に伊勢市の松井さんが投稿してくれました。

そういえば！　東京は、昨日に続いて今日も感染者が100人を超えた。夜の街でクラスターが起きているから注意しろと国も都も口で言うだけ！　何という無策・無能！　日本全国、東京都全部とは言わないので、せめて、新宿区、台東区の全員検査を実施するくらいの対策を示して欲しい！

7月13日（月）　ガンの餌はブドウ糖

人間の60兆の細胞が生きて行くには栄養が必要。癌細胞を兵糧攻めするには、ガンの餌になるブドウ糖（炭水化物や糖質）をとらないことらしい。栄養（エネルギー）をブドウ糖エンジンでなくケトン体エンジンにすることだそうだ。『ケトン食ががんを消す』という本を読んで、なるほどと思い、今までの食事療法を少し変えることにした。

ガンが発覚して以来9カ月、四つ足肉を食べない（動物性蛋白質）、塩分、糖分をとらないなどの食事療法をしてきたが、ガンに餌を与えてはいけないとブドウ糖制限を徹底的にすることにした。ブドウ糖の代わりに高蛋白質、脂質をとる。そうするとケトン体エンジンが動き出してブドウ糖に代わるエネルギーになるのだそうだ。ただ、究極のケトン体エンジンにするには、乳製品もダメでやはりハードルが高い。とりあえずブドウ糖制限を目指すつもり。

ブドウ糖制限というのは、今はやりの糖質制限であり、糖尿病食でもある。この世には本当に病気の人が多く、数カ月前、腎臓が気になって腎臓病食に興味を持っていた時、ネットで食材を探していたらあるわあるわ。今回も各メーカーから糖質ゼロなどの食材（パスタ、うどん、お米、調味料）が出ている。コンビニでも糖質オフの食材を売っているのにはビックリした。

それほど需要が多いということは、それほど病人が多いのだろう。ダイエット志向もあるかもしれないが。私の場合は、少量の玄米をとりながら糖質オフのうどんやパスタに加え、脂質として、アマニ油やココナツオイルも飲んでいる。先日、10カ月ぶりでステーキやブタのひれ肉を食べた。

さて、決意し、実行中ではあるけれどどこまで貫けるか？

7月20日（月）　ガンの餌はブドウ糖〈続き〉

ケトン体エンジンにするために、10カ月ぶりにお肉を食べたりして蛋白質や脂質を一週間とってみた。しかし、先日、病院に行って採血の結果、クレアチニンが1・2から1・4に上がり、蛋白尿も出ていた。蛋白質は腎臓に負担をかけるのだ。それで、思い出した。私は、腎機能がちょっと悪くて蛋白質やカリウムをとらないようにしていた。やはりケトン体エンジンにするには医師の指導のもとにしなくては、キケンかもしれない。それで、ケトン体エンジンは撤退して、四つ足肉は食べないなど、元の食事療法に戻ることにした。ただし、ブドウ糖が癌の餌になっていることは忘れないようにしながら！　食事療法もいろんな意見があって難しいなぁ。

そういえば！　東京は感染者200人台が続いている。東京問題（本当は日本問題）と言われるほど、地方から東京人は嫌われているのに、GoToキャンペーン。無症状なサイレントキャリアにお金払って地方に行け！　とは何事か！　結局まわりまわって高齢者が重症化し、高齢者が少しでも少なくなることを日本政府は望んでいるんだろうなぁ、としか思えない！

7月25日（土）　発想の転換

前回書いたように、ガン治療に関して食事療法などを含め、再考している。最近読んだ本から『体を温め免疫力を高めれば、病気は治る！』という安保徹氏と石原結實氏の考え方に興味をひかれた。二人の本は以前読んでいたが、ガンになって改めて読み返し、考えさせられた。

人間の身体は、自然界の一部で完成された存在であり、「身体は間違いを犯さない」という言葉がストレートに響いてきた。つまり、ガンというのは究極の浄化装置であり、生きるための反応である。死んだ人には癌はできない。ガンは決して悪者ではなく、体内の毒を背負ってくれて、本体がしっかりすれば、ガンは破綻して毒と共に消えていく存在という。ガンが転移すると絶望的になるが、転移はガンが行き延びるために散らばり治ろうとする「うれしいサイン」で恐れる必要はない。人間には生体反応があり、常に「治そう」「よくしよう」「長生きしよう」としている。ガンを無理に取っても根本解決にはならない。病気と言われるのは、身体からの防衛反応であり、ガンもそういう生活（食べ過ぎ、ストレス、冷え、血液の流れ、生活習慣）をしている身体からの防衛反応のひとつという。

そうかぁ、ガンが出来なかったら私は違う病名ですでに死んでいたのかもしれないなぁ！　ガンは悪者ではない！　という考え方もあるのかぁと二人の本を読んで発想の転換！　彼らの提唱する本体をしっかりする方法は、入浴、食事、体操などすでに実行していることもあるが、更にやってみようと思った。その一つが呼吸法。

この数カ月、ヨガ的ロングブレス体操をしていたが、先日、整体師の大沢さんから教えてもらった気功の呼吸法がすごくいい！　頭のてっぺんの百会《ひゃくえ》（天門）のツボがいつも開いていて、天から気をもらい、お腹（丹田）に蓮の花が開いたり閉じたりすることをイメージして息をする。吸うとき蓮の花が閉じ、吐くとき蓮の花が開く。この呼吸法は、私たちがしている一般の腹式呼吸の逆である。一般の腹式呼吸より酸素を多く取り込めると言われる。

ずっと歌を歌ってきて、腹式呼吸はお手のものと自信があったが、こういう方法もあったのかぁ！　気功なんて！　と思っていたのでこれも発想の転換。今の私にはとてもいいので、毎日15分程この気功呼吸法を朝昼晩とすることにしている。人間は長く生きていると、ついステレオタイプになる。いつも本から、人から、いろいろ学ぶことが大切と思っているこの頃です。

そういえば！　無能集団の政府はＧｏＴｏキャンペーンは利権がらみだからか、絶対止められない。オリンピックは安倍が一年後と明言したのでやめられない。ＰＣＲ検査を増やせばもっと感染者が出るので、ＧｏＴｏにもオリンピックのためにも積極的にやらない。そのためには国民の命はどうなってもいい。感染しても、労働力である若者は軽症だし、年金や医療費のかかる高齢者は死んでもらってもいいと、奴らは心ひそかに決めている（つい先日官僚がポロリと自白していたが）。なんというむごい国ニッポン！

8月3日（月）　星 久さん逝く

昨年7月の「50周年記念コンサート」でパーカッションやギターを弾いてくれた北村しんくんから電話があり、7月30日、急性白血病で入院されていた星久さんが亡くなったと連絡がありました。

星さんは、1950年、福島県喜多方市出身。日本大学工学部在学中にフォークグループ「Yes Men」を結成し、ヤマハライトミュージックコンテスト福島県大会で第一位になり、後藤悦治郎氏の「紙ふうせん」のギタリストとしてツアーに参加しながら、曲創りやアレンジを学びました。その後シンガーソングライターの黒坂正文、横井久美子のサポートミュージシャンとして活動しながら、劇団「希望舞台」「手織座」、人形劇団「ポポロ」「コパ」などの音楽を担当しました。さいたま県民公募によるミュージカル『I Love 憲法』Vol. 1〜6まで作曲を担当していました。

私には50年間の演奏活動のなかで3人のサポートギタリストがいました。最初は、『うどん屋娘』の作者である北市数幸さん、次が星久さん、安田雅司郎さんの三人です。星さんは読売ホールでの「10周年コンサート」にも出演されていて、今もCD『横井久美子 10年を歌う』で星さんのギターと歌声を聞くことができます。

北市さんと星さんは期間は短かったですが、星さんとはまた縁がつながって2015年5月から始めた「おいで一緒に in くにたち」では、前出の北村しんくんと二人で、星さんはすでに白血病でしたが、サポートプレーヤーとして出演してくれました。

星さんについて思い出深いのは、2018年4月に一緒に行った鳥取県日野郡日野町文化センターでの「ひのシアターかわせみ」主宰の「おいで一緒に in ひの」コンサートです。これはナント37年振りの里帰りコンサートでした。「かわせみ」は、当時20代前半の青年たちが中心になって文化運動をしていて、1980年と81年続けて私たちを呼んでくれました。

「かわせみ」は最後にファイナルとして誰を呼ぼうかと相談したところ、一番印象深かった私になったそうです。そして、ぜひ星さんもということでした。星さんの病状を伝え、それでも星さんに来てもらいたいと言われ、星さんもぜひということで一緒に行くことにしました。

体調を心配して、星さんの奥さんが羽田空港まで来てくれたり、私も前田さんもゆっくりゆっくり歩く星さんを気遣いながらの旅でした。幸いコンサートは大成功で、会場の皆さんが36年前にタイムスリップし、「今ここに横井久美子がいる。星さんがいる」と感極まったと言われるほど素敵なコンサートであり、再会でした。

星さんは、飛行機で米子空港まで行き、二泊三日の旅ができるような体調ではなかったと思いましたが、この旅で私は、星さんの音楽に対する深い思い、演奏することへの強い執念を感じました。星さんの演奏家人生のなかで、最後にこのコンサートをやり遂げられて本当に良かったと思っています。星いっぱい思い残すこともあったと思いますが、病気から解放されて、どうぞ安らかにお眠り下さい。

ありがとうございました。

8月10日（月・祝）本の出版の動き

今から24年前（１９９６年）、私がはじめて子どもたちの前で歌ったのは、文化・子育て運動をしている「かわさきおやこ劇場」でした。それ以来、毎年のようにコンサートをして頂き、こどもたちや若いお母さんたちの前で歌ってきました。しかし、このコロナ禍で「かわさきおやこ劇場」は閉局を決断。今までの素晴らしい活動の蓄積もあり、名称を川崎市児童文化団体連絡会と変えて再出発。

その第一弾として「大好きな横井さんのことを本にしたい！」という熱烈な申し出があり、私はビックリ。私は、「今は療養中だし、マダ、死なないから待っていて！」とお断りしていた。しかし、「横井さんが書かなくても、今までのステージでのコメントなどで本ができるから」と言われ、「ジャー私は書かなくていいのね。それでは、まな板の上の鯉になったつもりで任せますね」ということになった。先日、出版社の方も含め、５人の方たちとミーティングをした。でも、私も「まな板の上の鯉」と言いながら、つらつら考えていたら、幼少期のことなど書いてみたいと思った。

トランプ大統領の姪である心理学者のメアリー・トランプの『Too Much and Never Enough』が7月に発売された。ドナルド・トランプなる人間がどういう環境で出来上がったのか、私はとても興味がある。人間というのは誰でも多かれ少なかれ、特に幼少期の育った環境や思春期に出会った人たちによって形成される。私も「横井久美子」という人間がどんな風に出来上がってきたのか探ってみたいと思った。

１９６９年に歌手になって、つまり大人になってから出会った人たちについては書いてきたが、幼少期・思春期というのは書いていない。振り返ってみると「横井久美子」という存在に幼少期、思春期は欠かせないように思った。発売は来年の3月が目標らしい。さて、彼らのプランの中に私の書き下ろしを入れられるか！　ガンにも負けず、コロナにも負けず、熱中症にも負けず！　負けちゃいけないものがたくさんあるなぁ！

それにしても、今まで歌を聴き続けてくれた人たちから「横井久美子の本を作ろう」と言って頂けるなんて、私は、幸せいっぱいです。

そういえば！　沖縄のコロナ感染者がスゴイ！　米軍基地から、ＧｏＴｏトラベルから感染が広がっている。病院も少なく、医療状況は逼迫している。それなのに、菅官房長官は「チャンとしろと前から言っていたのに」という冷たい言葉！　ナンデ沖縄にこうも苦しみが降りかかるのだ！　今朝、那覇市の夫の従妹に電話したら、周りには感染者がいないと聞いて安心した。沖縄から見れば、東京の方がずっとキケン地域と思われているだろうが……。

8月17日（月）　実りの夏

今年も春にたくさんの野菜を植えた。今年の特徴は長雨でぐんぐん茎や葉っぱが例年より伸びたことだ。苗を買いに行った時、沖縄出身の夫が、へちまも植えようと、沖縄ではよく食べていたらしく懐かしそうだったので1本だけ買ってきた。

ゴーヤは毎年すごくたくさん実がなるけれど、さて、初めてのへちまはどうかと思っていたら、2階のＢＳのアンテナ以上に伸びていくつか実を付けた。

先日、お盆休みで息子が我が家にきた。私は若い人は、コロナのサイレントキャリアかも知れないので来なくてもいいと言ったが、息子は病気持ちの老夫婦が心配らしく様子を見るために来宅した。

名古屋出身の私はへちまを食べたことはないので、味も想像できない。夫は沖縄ではよく食べるよ、と言って、あまり料理をしないのに、へちま入りの味噌汁を作って自慢げに私と息子に食べさせた。息子も私も美味しいと言って、夫の労をねぎらうと夫は嬉しそうだった。

そういえば！　安倍の夏休みが、都知事の小池さんの自粛要請のせいで山口に行けないとか話題になっている。この国難なのに、記者会見も開かず、国会も開かず、すでに休んでいるじゃない？　夏休みをとっている場合か？　私が今マスコミに一番してほしいことは、総理や国会議員の歳費を外国と比較して広く知らせて欲しいこと。歳費に見合う仕事をしろと言いたい！

8月23日（日）　死にそうになったよ！

ブログが更新されないと、大丈夫かな？　生きているかな？　と心配して下さる方もいるので一週間ぐらいごとには更新したいと思っている。私はマダ生きているけれど、先日、死にそうになった！

朝、立川病院の予約があって、夫と一緒に家から3分ぐらい（速歩で2分）の所にあるバス停まで行こうと家を出て歩いていたら、急に体が熱くなり汗がダラダラ出てきた。熱中症みたい！　もうすぐバス停という所でどうしても動けなくなってしゃがみ込んだ。お腹も痛くなり汗がボタボタ地面に落ちてくる。このまま死にそう！　救急車と思ったが間に合わない！　急に夫が走って私のリュックと自分のリュックを家に置きに行った。引き返した夫に抱えられながら少しずつ家に向かって歩いた。それでも途中で2回しゃがみ込み、やっと家に到着した。冷房の部屋で首にアイスノンをあて横になっていたら、30分ほどで元に戻った。大量の汗をかいたのでスッキリと気分が良くなった。熱中症で死亡！　とニュースで報じられるが、なんでそんなに急に死ぬのかと思っていたがナルホドと思った。熱中症は急性、急激に体調が変化するのだ！　私の場合は、基礎疾患があり、ほとんど冷房の部屋で過ごしていて、外気の熱風に対応できない体になっていた！　こんなに体の代謝機能が落ちているとは思わなかった。

昨日は歯医者の予約があったので、出かける前に玄関ドアを開けて、しばらく熱風に慣れて、首にアイスノンを巻いてタクシーで行き治療を受けた。

ニュースでは冷房を使ってと言っているが、私の体験から、高齢者と基礎疾患を持っている人は、冷房への注意ばかりでなく外気と折り合いをつける体にしなければと思った。

それにしても家から3分ほどの地点での出来事であったことと、夫が傍にいてくれたおかげで死なずに済んだ。熱中症体験から、冷房の使い方など、基礎代謝を上げる方法をいろいろ考えなければと思っている。私にとってはコロナより熱中症の方がコワイ！

そういえば！　明日24日で、安倍首相連続在職２７９９日で歴代第一位になるそうだ。歴代無能首相第一位でしょ！　最近のコロナ対策や、モリ、カケ、サクラ、クロカワ、カワイ、アキモト、アベノマスク、ＧｏＴｏ、ナカヌキは言うに及ばず。トランプから武器の爆買いさせられ、俯瞰《ふかん》外交と言って世界中を税金使って昭恵夫人同伴で飛び回り「やってる感」を出していたけれど、ロシアも韓国も北朝鮮と外交も成果なし。特に拉致問題では横田滋さんが亡くなった時には怒りすら覚えた。安倍首相は、国民のために悪いことばかりした。最後は刑務所に入り罪を償ってほしい！

8月29日（土）　熱中症をあなどるな！

18日に家の近くの路上で熱中症になり死にそうになった。自分の身体の代謝機能がビックリするほど落ちていることに愕然！　その急性の熱中症は回復したけれど、どうもこのところ、午後になると体に熱がこもって出ていかない。ボーとして気分が悪いのでアイスノンを首にして横になっている。ただ、先日、病院に行き3時間くらい滞在し帰宅した。気付くと体はスッキリして気分がいい。ビルなどの全体を冷やすセントラルヒーティング？は体に熱がこもらないのではと思った。自宅の冷房は、冷風が当たったり、冷房していない別の部屋はモワッとしたり。ワシントンの娘の家はセントラルヒーティングだから、どの部屋にいても同じ温度。

我が家みたいな日本の普通の木造家屋では全体を冷やすことはとても無理！　寝るときも冷房を使うのは今年初めてで四苦八苦している。今日は冷気が当たらない場所を？　と工夫して寝る位置を変えたりして忙しかった。

そういえば！　昨日、安倍首相が辞任した。5時から記者会見を見ていたが、記者ってどうしてもっとはっきり声を出して質問しないの？　発声練習が必要！　迫力ないよ！　質問内容も鋭くない！　イライラして聞いていたら最後の方で西日本新聞の女性記者が、モリ、カケ、桜、公文書改ざんのことを聞いていた。でも、現在裁判中のカワイ、アキモトの事件は誰も質問しなかった。病人だから辛そうで見ているのが可哀そうになったが、騙されてはいけない！　辞任してセイセイしたけれど、本人の方が投げ出してセイセイして、政治責任や説明責任には知らん顔して退陣していくのを見ると悔しい！　首相でなくても犯した罪は追及すべきだ！

9月5日（土）　夫のひとこと

夫が「子どもたちが君の病院の結果など様子を聞いてこないね」と言ったので、「夏休みで何処かに行っていて忙しいんじゃないの？」と答えたが、同じようなことを二度ほど言ったので考えてみた。ガン発覚直後、入院中は、息子も何度も病院に来てくれたり、そういえば、コロナ発生以前だったから、娘もワシントンから来て一緒に病院に行ってくれた。その後、退院してからも病院での検査の後などは、二人ともよく連絡をくれた。それは、今も変わらないし優しい子たちだと思っているが、ただ、ずっと「病気中」ということで緊張感はなくなっているのだと思っていた。

あまり周りの動向を気にすることのない夫がそう思うということは、一緒に心配してくれる人が欲しいのかな？　と思った。夫は、沈着冷静でどんな事態にも大騒ぎしたり、オロオロする人ではなく、マイペースで自分の執筆の仕事に集中している。そういう態度は病人の私にとってはうるさく無くて有り難い。娘や息子ともメールなどでやりとりしているが、「お母さんどういう様子？」と病気のことを話題にしてほしいのかなと思った。

私は日常生活で買い物など夫がいてくれて本当に助かっていて感謝しているけれど、夫にしてみれば、私の様子を日々目にして、口では言わないけれど、やはり相当心配しているのだと思った。病人は自分のことで精一杯だから自分のことしか考えていないけれど、傍にいる人は、見守る仲間が何人もいた方が心強いのかなぁ、と夫のひとことで思った。とはいえ、誰でもいいわけではないから、やっぱり子どもたちの存在は大きい。それを夫も感じてポツリとひとこと口にしたのだ。

心配をかけている夫にも子どもにも感謝しなくちゃ！　それに加え、いろいろ励ましてくださる方たちにも！　明日は息子が家のまわりの草取りにきてくれるそうだ！

そういえば！　総裁出来レースのなか、メディアのリードの仕方もあるが、安倍政権の評価が71パーセントという！　もうガッカリ。何も言いたくない！　テレビも見たくない！

9月12日（土）　吉村昭にハマる

趣味と言えるほど本は読んでいないが、睡眠薬代わりに寝る前に寝床でよく本を読んでいる。中国の歴史などに興味があるせいで、『三国志』をはじめ宮城谷昌光の本は多く読んだ。宮城谷の本は漢字が難しく、古代中国の内容も難しいので眠りに誘われるのでちょうどいい。それでも最近は、まだ読んでいない作品もあるが、病人のせいか読むのが重くなって彼の本を読むのはやめた。

最近は吉村昭の本にハマっている。きっかけは、『漂流』を読んだことだ。ジョン万次郎にほんの少し興味があって、ジョン万次郎のことを書いた本と間違って読んだ。土佐の漁師である長平が嵐に会い青ヶ島近くの鳥島に漂流し、12年間に及ぶ苦闘の末、生還するという内容だけれど、私はこの本を二回も読んだ。

草も生えない岩盤の島で、飲み水もなく、アホウドリの肉と海の魚と海藻だけで、助けられる望みもなく12年間生き抜いてきた。一緒に漂流した仲間の漁師たちの多くは島で死ぬという壮絶な物語。なぜ長平が生還できたのか？

私はこの本からとっても単純な教訓をえた。「人間は生きる希望を持ち、歩くという体を動かすことなくしては生きてゆけない」ということだ。他の漁師は、助けられる希望を失い、アホウドリの肉を食べるだけで、洞窟でゴロゴロしていて死んでいった。たとえ食べるものがあっても、雨露しのげる洞窟があっても、人間は体を動かさなければ死んでゆくという単純なことを知ったのだ。病気になって寝ている時間も多いので、「歩かなければ死ぬ」という教訓は大きい。

もちろん吉村昭の調査収集能力や筆力も凄い！『羆嵐』は二晩で読んだ。これでは、眠り薬にはならないが。吉村昭はエッセイや短編やガンのことや戦艦ものなど多方面な作品を書いているので、今は手当たり次第に図書館に注文している。今のところ、私は『漂流』が一番気に入っているが、いろんな文学賞をとってたくさんの作品を書いているので読破するのを楽しみにしている。

追記　その後、デビュー作品で太宰治賞を受けた『星への旅』（「少女架刑」他5編）の短編を読んだが、骨に興味のある主人公など気持ち悪かった。吉村昭の初期の作品といわれる小説は文学賞を受けた作品でも肌に合わないナ。作風が変わった頃からの歴史ものノンフィクションが私にはいい。

9月19日（土）　リクライニングベッド

普段、私は床に布団を敷いて寝ているが、昨年10月手術後、娘が「床に寝ないで病院のように介護ベッドを入れたらどお？　レンタルもあるし」と言った。私は「えっ！　介護ベッドを入れたら私本当に病人のようになってしまうからヤダ！」と返事。私は床に寝るのが好きなのだ。

あれから一年近くになる。

ところが先日、友人と電話で話していたら彼女は、「私、リクライニングベッドに換えたのよ。すごくいいわよ」と言う。病気でもないのに何故と聞くと、背もたれを上げればテレビもよく見られるし、足元を上げれば足のむくみがとれていいわよ……」と満足げ。私が病人っぽくなるから気が進まないと言うと、「病人じゃなくても使っている人多いわよ」と。彼女は30数万円もするブランド品を使っているらしい。

彼女との付き合いは長いが、新しい便利なものを見つけ出すセンスがある。今治タオルも今ほど有名じゃない時、薦められた。調味料も、浄水器もあったなぁ。

前田さんも床で寝ている私を見て「いちいち立ち上がるのに大変じゃないですか？　ベッドだったら楽じゃないですか？」と言っていたが、私は「筋肉が鍛えられるからこれがいいのよ」と返事をしている。

友人の言う介護ベッドでなく、リクライニングベッドなら、確かにテレビも見やすくなるし、足を上げるのは血液循環にもいいし、介護ベッドが必要になった時にも便利だし、と思ったが、床から立ち上がり筋肉を鍛えることも大切という考えも捨てきれない。

けれど、布団に寝ている時間が1年前よりは確かに多くなっているので、友人のリクライニングベッドに発想を変えてもいいかなぁと揺れている。

しかし一方、このブログを読んで下さる方が、「横井さん、前は病気はあっても病人にはならない！と書いていたのに、この頃ご自分のことを病人と書いているね」と指摘された。そうだ、初志貫徹。だからリクライニングベッドについてはまだ決断に至っていない。

9月26日（土）　死ぬまで歌を聞いてくれる人

一昨日、京都の男性の方からお手紙を頂いた。

「初めてお便りします。『横井久美子35周年記念　VIVA KUMIKO』（6枚組）を買ってから人間として唄う横井久美子さんの歌が大好きになりました。私は今年85歳。余命幾許もありませんが、死ぬまで横井さんの歌を聴き続けたいと思います。とりあえずCDを申し込みますのでお送りくだされば幸いです。『アイルランドの風に吹かれて』（2枚組）、『私の愛した街・私の愛した人』（2枚組）。尚、他にどんなCDがあるのか分かるものがあれば一緒にお送りください。よろしくお願いいたします」

この短いお手紙を読んで私は、「死ぬまで歌を聴き続けたい」と言われるその言葉が迫ってきて感動しました。何という若々しい情熱、エネルギーを持った方なんだろう！と。私が85歳になってこんな気持ちになれるだろうか？　今、吉村昭の本にハマっているが、「死ぬまで読み続ける」とは言えない。病気ということもあるけれど、死ぬまで何かに集中したいと思うものは見つからない。

50周年記念コンサートの時もステージで紹介しましたが、私より年上の女性が「死ぬ前にもっと横井さんの歌を聴きたい！」と言われた。私はその女性の方が「死ぬ前」かと思ったら、私が「死ぬ前」だった。この方は私の生身の歌に接したいということでしたが、そんな風に情熱を持って聞いてくれる方がいることが嬉しいやら、私もそんな年なのだと自覚するやら……。

ちょうど一年前、癌が発見された時、「75年間やりたいことをやってきたからいつ死んでも悔いはない！」と思ったし、今もそう思っているが、こういう新しい高齢のファンの方たちが出現されていると、簡単に死ぬわけにはいかないなぁ。
来年3月に出版予定の本の準備もまだまだだしね。

10月4日（日）　本のタイトル

「横井さんの本を創りたい」と元かわさきおやこ劇場の皆さんが声をあげてくれて、少しずつ準備をしている。本のタイトルというのは、いつもはぎりぎりになる。今回は、打ち合わせの段階ですでに出版社（一葉社）の和田さんがたくさんのタイトルをあげて下さったが、私も急に本のタイトルが浮かんできた。

横井久美子　グランドフィナーレ　歌にありがとう

グランドフィナーレという言葉は、イタリア語で、以前、仲代達矢の舞台を紹介した時使われていた。「最終局面」「終局」「最後の場面」の意味で、舞台や小説で使われ、私もいずれコンサートの時使いたいと思っていた。

私にとってこの本が最後の仕事になるので、「もう終わり！」でピッタリかと思っていた。しかし、先日、待てヨ、自分の人生を勝手に最後と思ってしまうのは、大それたおこがましいことではないかと思い知らされたことがあった。

私より年配で、私を福島原発訴訟の皆さんに引き合わせてくれ、私と同じ病気で腎臓を摘出し、「同病相愛しむ」とエールを送っていた小野寺弁護士が、9月25日、津島訴訟の口頭弁論に合わせて開かれた郡山市の集会で、素晴らしい講演をされたと知ったのです。それも、午前と午後も。テーマは先生の関わられた「安中公害」「中国残留孤児国家賠償」など。すごいなぁー。

いわき市民訴訟の集会でも、「正義の裁判に勝つという高い志を持てば免疫力が高まり病気に勝てる」と言われて、胸が震えたことがあった。先生は病気でありながら相変わらず福島原発訴訟の共同代表として活躍されている。

たとえ私が命を失ったとしても、先生をはじめ多くの方たちがこの世の不正義、不公正に立ち向かってその戦いは続いているのに、私が自分のことではあるが「終わり！」と言ってしまっていいのだろうか？　私の命がたとえ失われても、私の魂は次につながっているのに、自分の命を自分ひとりのものとして考えるのはおこがましいなぁと思ったのです。

『ただの私に戻る旅』の本のタイトルを決める時も、出版社から「ただの私」というのは自分はただの私と思っていないからおこがましいのではないかと言われたけれど、このタイトルでなければ出版したくないと言った記憶がある。出版した25年前は私はかなりおこがましい人間だったかもしれない。『ゆるゆるふっくり』というタイトルもぎりぎりに決定した。

私も志高く生きねば！　やっぱり本のタイトルはぎりぎりになるのかなぁー。

10月5日（月）　本のタイトル〈続き〉

今、小野寺弁護士事務所にお電話したら偶然先生がいらして、前記のことをお話しした。そうしたら先生は、「グランドフィナーレのタイトルいいですよ。横井さんのお話から終わりがあってまた始まる感じがします」と。

また、来年3月のいわき市民訴訟の判決集会には、ぜひ横井さんに来てもらいたいとも言われた。先生と直接話ができて大きな勇気をいただいた。こんなに励まされるなんて世の中にはすごい人がいるもんだなぁーーー。

そういえば！ 最近の菅政権の動きを見ていると、「たたき上げ」「田舎出身」「パンケーキ好き」「学術会議介入」など、安倍政権以上にストレスを感じて体に本当によくないので遠ざかるようにしている。

10月11日（日）食生活

毎日の関心事は食べること。私は、腎臓もやや悪いので、体に良いものを食べなくちゃと苦労している。食材は夫が買い物してくれて、私も長時間は台所に立てないが、テレビで料理番組を見ているとよだれが出てきて作って食べたくなる。

先日、エビとシイタケとネギをみじん切りにしてレタスで包むという料理を見て、体にいい食材ばかりなのでつくってみた。レタスは茹でて具を挟んだら、片栗粉をつけて開かないようにする。さて、形が出来上がってお鍋に入れて煮たら、片栗粉の効き目がなくてすべて開いてエビ風味のスープになっていた。食べられなくはないが、予想した料理でなくガッカリ。意気込んでいたので、やっぱりもう新しい料理を作らず今までのつくり慣れたものでいいやと思った。

朝は、大腸まで届くと言われる乳酸菌入りのジュース１００cc、小さなクロワッサン、豆乳、半熟卵、黒ニンニク、季節のくだもの。昼食や夕食は腎臓に負担をかけないようなものを選んで食べている。もろみ酢、山口さんからいただいた梅干し、寝る前のマヌカハニー一さじは欠かさない。玄米は、酵素玄米の炊ける?万円の炊飯器を買ったけれど、ギブアップしている。とても飲みやすい160ccのにんじん缶ジュースを見つけたけれど、カリウムが気になって、次の病院検査まで控えている。

先日、息子が来て、スカイラーク系の宅配のアプリを入れてくれた。「藍屋」や「ジョナサン」からも宅配してもらえる。「藍屋」の天重を宅配してもらったが、時間通りに到着してとても美味しかった。コロナでテイクアウトや宅配は以前よりずっと普及している。私は昔からコンビニ弁当が嫌いで、買ったりしないで手作り主義だったけれど、いろいろ利用してもっと楽をしておいしいものを食べるようにしたいと思った。アプリで注文出来るのはとても便利。

天重を食べながら、「そういえば」と息子が言った。「お母さんがいない時、すぐそこの中華料理屋から妹と二人でよく出前頼んでいたよね。そこの配達のお兄ちゃんにはよくしてもらったよ」と40年も前のことを懐かしそうに言った。そうだったねぇと私は、昔から日本には、中華料理屋や蕎麦屋では「宅配」ではなく「出前」があったことを思い出した。

10月27日（火）　病院からの脱出

12日（月）の明け方に急にお腹が痛くなり、今までの痛みと違うので、救急車で病院に行こうかと思った。でもさすがに救急車を呼ぶのはタメラワレて、朝霞市に住む息子に朝7時に自宅に来てもらった。病院に一番乗りで行ったが、結局、救急車で行かなかったためか、普段通りの手順になって、いろいろ検査して様子を見ましょうということでそのまま入院した。

昨日、2週間入院して、やっと病院を脱出できた。病院でしていたことは主に痛み止めの医療用麻薬の使い方の練習みたいなもので、通院でもいいが、入院して様子を見た方が先生にとってもいいようだ。その間に心電図やMRIなどいろいろ検査して、検査により小さな血栓が見つかって、私自身が貧血気味で、それが悪さする最悪のシナリオを想定して輸血することになった。輸血5時間、点滴6時間も。

病院に入っていたほうが身体も休めて安心と思っていたが、実はこれが違った。いろいろ検査や点滴のために入院が長くなったのは仕方ないが、病室への人の出入りが激しくて私はまったく休まらない！　看護師の定例の検温などが2回、別にお薬の配布が3回、配膳と回収で6回、お茶の配布で3回、部屋のお掃除が2回、人が入ってくる。

そのうえ、夜中に眠りかけると、隣の部屋で70代の男性の「痛いよー、痛いよぅー」とうめく声が聞こえる。私も隣も一人部屋であるが、その声が余りにも可哀そうで胸がつぶれる。

それに加えて、ナースコールの音である。誰でも知っている簡単な曲をキーボードの演奏で流しているのだけれど、とても金属的な音で耳に触る。曲も似たようなものばかり。それも間違ってキーボードで弾いている曲が2曲あって、その曲が鳴ると間違いの音が気になる。

この音楽の選曲だけでも変えられないのか聞きに行った。ついでに音も、もう少し控えめにならないかと。娘がそれを聞いて、「大病院のナースコールによく文句をツケに行ったわね」と言った。確かに！　でも、私も患者として入院しているのだから。フルートを吹いているという担当の医師もそばにいて、「そうなんですよ。音程もおかしいと僕も気になっているのですが」と同調してくれたが。

後半の方では、いよいよ我慢できなくて、本当にこの病院には、「オペラ座の怪人」ではなく「病院の怪人」がいるのではないかと思った。地下室のどこかで音楽好きな怪人が自分の好きな曲を勝手に選んで流しているのではないか⁇と。冗談話として、またナースセンターに言いに行ったけれど、たぶん通じなかったでしょうね。私のささやかな抗議とユーモアが。

音楽家にとって「絶対音感」はすごい才能で、絶対音感のない私は羨ましかったけれど、それでも幼いころから音楽をしていると「一般人」には理解できない能力を身に着けていることを、こんな場面で感じる。

やっと病院から脱出できた！　やっぱり我が家はいい！

11月5日、（木）　病人になる

思いもかけず2週間も入院して、病院に入ったら、あれも検査し、これも検査しているうちに本当に病人になってしまった。

一年前、手術をして、病気はあっても病人にはならない！　病人のような生活はやめようと決意して、このブログにも書いたが、今は、そんな意気込みはなく、本当に病人になってしまった。

ただ、私は、電話をすれば「声と頭は元気だから」というように、とても元気に見えるのが難点だ。「病人になる」ことの利点は、張り切らなくてもいいことである。元気にふるまわなく「甘えられる」ことである。もっと「病人だ」と大きな顔しよう！　今までも大きな顔しているが。

11月15日（日）　病人しながら仕事もしています

10日間ブログを書いていなかったら心配して何人もの方から電話をいただいた。今まで一週間に一回書くようにしていたのでまた入院したのではないかと思われたらしい。

退院後やや回復しながら、まだ病人らしく、それでも夫に手伝ってもらいながら来年出版の本の原稿を書いています。幼児期、小学生時代、中学時代、高校時代とすすみ、今大学時代に入ってってこずっています。でも、とっても楽しいです。免疫力アップにもなっているようです。しばらくブログを書く時間はないかもしれません。

今病院はコロナでたいへんなことになっています。夫が面会に来ても顔を見ることもできず、コロナでなくても隔離状態です。入院したら出てこられないかもしれず、こうなったら絶対入院はしたくありません。我が家の床で死にたいと覚悟していますので、家にいないということはないでしょう。ただ「病人」ではありますので、どうぞよろしくお願いいたします。

11月20日（金）　執筆終了

来年、春、出版予定の本の私の幼年期、青春時代を書き終えた！　あとは編集の方にお任せして、今までの記事などを集めてつくってもらう。かわさきおやこ劇場の方の要望でこの本が実現した。どんな本になるか楽しみに待っている。

＊

２０２１年１月15日（金）　お知らせ

横井久美子は、２０１９年８月、20回目のアイルランド・ツアーから帰国した直後に、下腹部に少し痛みを感じ、精密検査の結果、９月末に腎盂癌が発見され、２０１９年10月12日に右側の腎臓を全摘出する手術をうけました。

その後１年３カ月の間、たくさんの方々に励まされながら、病気と全力でたたかってきました。苦しい抗癌治療を続けながら「歌う楽校」を再開し、この間に、本ブログ〈片腎ＫＵＭＩＫＯのビスターリ《ゆっくり》ライフ〉を執筆してきました。しかし、昨年11月20日に、ブログの第59回を書いたころから、急速に病状が進行し、２０２１年１月14日夕刻、自宅で家族に見守られながら、76歳の生涯を安らかに終えました。

ブログを読んでいただいていた皆様に、この悲しいお知らせを謹んでご報告するとともに、これまでのご支援、ご厚誼に、心から感謝いたします。

葬儀については、生前の本人の希望に沿って、身近な親族のみによる家族葬としてとりおこなう予定です。

なお、最後のブログで「どんな本になるか楽しみに待っている」と書いている本については、残念ながら著者の手に届けることはできませんでしたが、後に残された者によって完成させる予定です。

親族を代表して　友寄英隆

2020 年 5 月 28 日 自宅前で

●母・横井久美子へ

お母さん ありがとう

友寄のむぎ（ワシントン在住）

私が高校生の頃、すでに家を出て一人暮らしをしていた兄と電話で話していて「あれだけ小さい時からお母さんが家に居なかったのに、よく私たち良い子に育ったよね。これもひとえに私たちが立派だったからだよね」と笑い合ったことがあります。そんな冗談が言えるようになったのも、思春期・反抗期を抜け出し、仕事をする母を一人の女性として認め、尊敬し始めた時期になっていたからでした。

それまでの私は、母を母としてしか見ることが出来ず、仕事で家を空ける母に対してとても反抗的で、批判的でした。「お母さんは自分の仕事のことしか考えていない」と不満を募らせ、「私は、将来働くお母さんには絶対ならない。私は、家に居て子供に寂しい思いをさせないお母さんになる」と心に決めていました。この時期に、ちょっとした問題を起こし、母が警察に迎えに来たこともありました。今思うと、あの時母はとても辛かったのではないかと思います。自分の子育ての仕方が間違っていたのか、心の中で葛藤していたのではないかと思います。しかし、そんなことは表に出さず母は歌い続けていました。この葛藤の時期に母が歌を諦めず、社会に出て仕事をするということがどういうことかを私に示してくれたことは、私が思春期を抜け出して大人の女性に成長する過程で、大きな影響を与えました。

月日は流れ、私がワシントンで弁護士として働き始めてから二十年近くが経とうとしています。その間、二人の子供にも恵まれましたが、二人とも生後三カ月頃から託児所に預けて仕事に復帰しました。今、自分が働く母になってみると、母が今まで仕事を続けてきてくれたことが、私に大きな自信を与えてくれています。こんなに小さい時から人に預けて、平日は殆ど一緒に時間を過ごすことが出来ず、将来親子の信頼関係をきちんと築くことが出来るだろうか、と不安になることもあります。でも、母が仕事をしながら私を育ててくれたように、私も仕事をしながら子供を育てれば大丈夫、と思い直します。小さい頃は寂しい思いもしたけれど、今では母が仕事を続けてくれていて本当に良かったと思っているのだから、きっと私の子供たちも大丈夫、と。そして、小さいころから聴いていた母の歌は、自分では気が付かないうちに心に深く根付いていて、子育てをする私を応援してくれます。保育園のお迎えで園庭で遊んでいた息子が私を見つけて両手を広げて駆け寄ってきてくれるとき、保育園の送り迎えの車（自転車ではありませんが）の中で子供たちと他愛ない話をして笑い合うとき、金曜日はなんだか荷物が多いなと思うとき、母の歌を思い出し、ああ、お母さんもこうやって子育てしてたんだな、と励まされます。

私が出産した時は、母は自分の仕事も忙しい中、数か月ワシントンに来てくれました。現在も、年に数回私が日本へ出張する際は、私が仕事に出かける間、母が子供たちの面倒を見てくれています。小さい子供たちに振り回されて気力も体力もすり減ると思いますが、「しっかり仕事してきてね」と諸手を挙げて協力してくれる母には、感謝でいっぱいです。そんな時、母は私を育てる過程で、とても固い信頼関係を築いてくれたんだな、と実感します。子どもの時は、物理的に母が家にいないことでいっぱいいっぱいで、精神的にどれだけサポートしていてくれたかに気付くことは出来ませんでした。しかし、大人になった今は、母が私を愛していてどんな時でも私の味方であることを伝え、私が母に頼ることが出来る関係を築くために、母はどれだけ心を砕いたのだろうと思うことが出来ます。そして、葛藤もあったと思いますが、社会で働きながら子育てをすることを私に教えてくれた母を誇りに思い、とても感謝しています。

お母さん、ありがとう。そして、五十周年おめでとう。

ジョージ・ワシントン大卒業式にて
(2001 年)

久美子さんへの感謝の手紙

ジャスティン Justin

久美子さんへ

２００２年２月か３月のある日、あなたの娘、のむぎさんに私は会いました。土曜の夜、彼女が通っていた大学の講堂の前でお互いの友達と一緒に会った……と思います。場所は定かではありませんが、のむぎさんが出てくるのをみんなで待っていました。私たちはバーに行き、20代の若者らしく、飲み会を楽しみました！

のむぎさんと私が最初に会ったとき、会話はぎこちなく始まりました。一番印象に残ったのは、のむぎさんが「そうか、じゃあ、あなたはコンピューター……」と言った後に沈黙があったので、私が「オタク？」と返しました。どういうわけか二人とも大笑いし、バーまで歩いていく間も少しおしゃべりをしました。バーに着いたら、その夜は彼女と話する機会はありませんでしたが、その後何度も友達を交えて交流を重ねた後、何度も会って話をするようになり、ついに勇気を出して私からデートに誘いました。

それから８、９カ月後の２００２年末に早送りして……。私は、空港でのむぎさんの両親であるあなたとタカシさん（英隆のこと）に初めて会うために日本に出発するのを待っていました。のむぎさんは、あなたはプロの歌手で、タカシさんはエコノミストだと言っていました。のむぎさんが弁護士になるために勉強していることを知っていたので、最初はのむぎさんに対して気後れしたように、あなたたちに対しても気後れしました。私は、才能、知性、教育が豊かな家庭で育った女性と付き合っていることを知っていました。私は彼女の両親を失望させたくなかったのです。

ワシントンダレス空港で搭乗を待っているときに、のむぎさんの母親へのプレゼントを探すべきだと感じました。ゲート内のお店に面白いプレゼントを売っているお店を見つけて、素敵なステンドグラスの窓飾りを見つけました。のむぎさんの母親へのプレゼントにも最適だと感じたので購入しました。

日本に着いた最初の夜のことは、お互いに自己紹介をして夕食をとったこと以外はよく覚えていません。しかし、翌朝、私があなたにプレゼントを渡したとき、あなたはショックを受け、驚いたように見えました。あなたはすぐにその窓飾りを窓のそばに掛けました。「プレゼントをするのが上手ね」とあなたは言ったと思います。しかし、それはあなたが英語で言ったことなのか、のむぎさんが私へ翻訳したのかは覚えていません。いずれにせよ、私はあなたが娘の彼氏としてふさわしいと認めてくれたと思ったので、「よし!」と思いました。

この初めての訪日のとき、あなたとタカシさんと、年末年始に富士山の近くのリゾートに行ったのを覚えています。このときに起こった二つの重要な出来事を覚えています。どちらも大晦日の夜に起こったと思います。最初の出来事は、さまざまなおいしい料理の素晴らしい夕食会で、タカシさんが英語でスピーチをし、私とのむぎさんの関係を受け入れてくれたことが分かりました。

私はそのスピーチに深く謙虚に聞き入りました。

私がついにあなたの家族の一員になったことを明らかにしたのは、大晦日の夜の2番目の出来事でした。元日を祝うために、あなた、タカシさん、のむぎさん、そして私を含む全員が夜更かししようとしてあなたの部屋にいました。あなたは疲れていて、寝ることに決めました。ある時点で、私とのむぎさんがまだ部屋にいることを忘れて、あなたは大きなおならをし、みんなが笑いました。あなたはのむぎさんと私がまだ部屋にいることに気づきましたが、恥ずかしさを受け入れる以外に何もできませんでした。そのとき、突然、私も大きなおならをしました。私たち全員がさらに大笑いし、窓の近くのタカシさんが手に負えないほど笑いながら、窓を開けようと奮闘していたのを覚えています。翌朝、あなたが、私とあなたは「おなら友達」だ、と言ったとのむぎさんが言っていました。

その最初の日本旅行の後しばらくして、私はのむぎさんにプロポーズしました。

2004年までまた少し早送り……。私が日本へ再び訪れたのは、あなたが最初の「ファイナル」コンサートを計画したときだったと思います。あなたは大規模なコンサートを計画していましたが、私があなたの演奏を見たのはこれが初めてでした。私はそれを見てとても興奮しました。のむぎさんと一緒だったので、「舞台裏パス」をもらうことができました。コンサートが始まる前にあなたにお会いして、スターが輝く瞬間の直前の興奮と緊張を目撃することができました。

席に着くと、ホールの広さに感動しました。人々はホールに入り始め、定員に達したと思います。何百人ものファンがあなたのコンサートに参加していることに気づきました。私は、あなたが実は有名人だと気づきました！

　このコンサートであなたの音楽を聞いたのが初めてでした。とても心地よく、高揚する音楽でした。とても楽しかったです。私が一番覚えている曲で、今でも聴きたい曲は『赤い椿と青いげんぼし』です。メロディーが大好きで、特に私の好きな部分はそれが「ダダダダダダダダ、ダダダダダダダダ」になるところです、そしてあなたはギターを大きくかき鳴らします。ギターをかき鳴らすと、「ダンダダダンダン、ダンダダダンダン……」のようになります。とにかくそのようなものです。それが私の一番好きなあなたの曲です。

　２００５年に早送りします。のむぎさんと私は結婚しました。ポトマック川近くの、昔はジョージ・ワシントンの家の一つであった美しい会場での結婚式を計画しました。結婚披露宴のあるとき、のむぎさんとあなたは一緒に沖縄のうたを演奏しました。のむぎさんが三線《さんしん》を弾いてあなたが歌いました。披露宴の最高の瞬間であり、才能と美しさに満ちた妻だけでなく、才能と美しさに満ちた義母もいることをとても誇りに思いました。それから、結婚披露宴が終わった夜遅く、タカシさんはジョージ・ワシントンの家の正面玄関の階段で英語で別のスピーチをしました。そのとき、義父が高貴な話者であり紳士であることに気づきました。私は自分が幸運であると思いましたが、同時に、のむぎさんの家族と結婚するのはふさわしくないようにも思いました。

　のむぎさんと私の人生の次の章が始まると、私たちは頻繁に、年に1回、ときには2年に1回日本に旅行しました。あなたは何度かアメリカに私たちを訪ねてきました。２０１３年のある日、私たちの長男、ジャスティンが生まれました。あなたは彼の誕生の瞬間に立ち会いました。あなたと私は、のむぎさんが出産するのを手伝うために一緒に働いたチームでした。出産にはまる一日かかりましたが、やがてのむぎさんは早朝に私たちの素晴らしい息子であり、あなたの孫であるジャスティンを出産しました。私はあなたがそこにいたことを嬉しく思いました。

数年後の２０１６年、のむぎさんは2番目の子供、ナタリーを出産しました。あなたはその後まもなく到着し、ナタリーとジャスティンの世話を手伝うために数カ月滞在してくれました。繰り返しになりますが、私はあなたがそこにいたことを嬉しく思いました。

滞在中のある時点で、あなたはぎっくり腰になりました。あなたは数日間ベッドに横にならなければなりませんでした。私はあなたのことをとても心配していたので、薬局に行き、そのうちの一つがあなたを助けてくれることを期待していくつかの軟膏を買ってきました。「アトミックヒート」という軟膏があなたには最も効果的であることがわかり、私はあなたを助ける何かを見つけたことをとてもうれしく思いました。

この時期のある夜、あなたが夕食を作れなかったので、私が夕食を作りました。私は料理の腕前をお見せできることに興奮しました。ポークチョップのフライにスパイスの効いたリンゴレーズンソースをのせて調理しました。副菜はほうれん草のソテーとマッシュポテトだったと思います。あなたはベッドでそれを食べました、そして私が食器を下げに来たとき、あなたは私が素晴らしい料理人であると私に言いました。あなたが私の食事を楽しんだことを嬉しく思いました。あなたはいつも私のために料理してくれたので、私はあなたのために料理をすることをとても誇りに思いました。

のむぎさんと結婚する前の数年と結婚してからの15年の間、あなたは私の人生の一部でした。いつもお会いできるのを楽しみにしていました。あなたの家は小さくていつもどこかに頭をぶつけますが、いつもあなたの家に泊まるのを楽しみにしていました。私はいつもあなたと一緒に日本の様々な場所に旅行するのを楽しみにしていました。私はいつもあなたの美味しくて満足のいく食事を食べることを楽しみにしていました。私はいつもあなたと一緒にレストランで夕食を食べ、あなたと一緒にビールを飲み、そしてあなたと時間を過ごすことを楽しみにしていました。

私はあなたの本当の「最後の」コンサートに参加できたことをとても誇りに思います。そして私の子供たちも両方ともそれに参加できたことをとても誇りに思います。あなたの最後のコンサートは、あなたの最高のコンサートでした。あなたはその夜、明るく強く輝いていました、そして私はそれをいつまでも忘れません。

これらの年のすべてがあっという間に過ぎ去ったように見えます、そして今、私たちはこの時点にいます。私の唯一の最大の後悔は、私が日本語を話すことを学ぶことに真剣な努力をしなかったことです。時間を遡ることができれば、若い自分にそうするように言います。真剣に受け止めて、いつか学ばなかったことを後悔するから。今日は後悔の初日です。何年にもわたって、あなたやタカシさんと話ができるように、日本語を話せるようになるべきだったと気づきました。私があなた方一人一人をよりよく知ることができるように。日本語を学べば、すごい会話ができて、もっと笑いあえたかもしれません。私たちの関係はより深く、さらに記憶に残るものだったかもしれません。今、このことについて深くお詫びします。

このような後悔を感じて、この手紙で自分の気持ちを伝えることが私にできる唯一のことだと感じました。私は、あなたがいなくなると寂しいです。あなたはいつまでも私の心の中にいます。いつかまた会えることを願っています。

2021年1月6日　義理の息子より親愛を込めて

のむぎとJustinのワシントンでの結婚式に家族そろって
左端は長男の英史、右端は英隆（2005年7月）

（※英文より翻訳）

あとがきに代えて

——妻・横井久美子の思い出

友寄英隆

横井久美子の訃報が新聞などで報じられていらい、ひじょうにたくさんの方々、日本だけでなくベトナムやネパールからも、心のこもったお悔やみのお言葉をいただきました。いちばん身近で、彼女の最後の一年四カ月の闘病生活を、ともにたたかった家族として、これまであまり知られていない、いくつかのエピソードをお伝えして、あとがきに代えたいと思います。なお文中では、「久美子」と呼んでおきます。

一、発病後——一年四カ月のたたかい

二〇一九年九月五日、二十回目のアイルランド・ツアーから帰国する直前にダブリンから私宛のメールで「お腹が少し、しくしく痛いので、帰国したらすぐ病院にいく」という知らせが届きました。帰国の直後（九月九日）、下腹部の痛みについて、国立市の長久保病院（腎臓などの専門病院）で精密検査の結果、腎盂癌《じんうがん》が発見され、十月十二日に右側の腎臓を全摘出する五時間の手術をうけました。これが、その後の癌とのたたかいの始まりでした。それから苦しい抗癌治療のなかで、徒然なるままに久美子本人が綴ったブログが一年余の癌闘病の記録「片腎ＫＵＭＩＫＯのビスターリ《ゆっくり》ライフ」です（横井久美子のホームページに掲載。本書の第3章に収録）。

・秩父、山梨のラジウム温泉

翌二〇二〇年は全世界がコロナ・パンデミックとのたたかいの一年になりましたが、久美子と私たち家族にとっては、コロナ禍とともに癌との厳しいたたかいの一年になりました。

腎盂癌の発病が発見される以前、二、三年前から、私たち夫婦は、健康保持を兼ねて、近くの高尾山によく登りました。二〇一九年の年賀状には、高尾山の頂上での写真（左上）をのせて、「高尾山頂、富士山を背に。昨年（二〇一八年）は、夫婦で八回、高尾に登りました」と書きました。しかし、癌が発見されてからは、高尾山はあきらめざるをえませんでした。

2019 年の年賀状の写真

それでも、まだ身体の自由が利く八月ごろまでは、二人で買い物をしたり、外食に出かけたり、散歩をしたり、これまで以上にいっしょに行動する日々が続きました。いつ、何が起こるかわからないために、常に、行動を共にする必要があったからです。

二〇一九年十月の手術の直前には、癌に良くきくという酵素風呂に入るために、秩父市の里路苑《さとじえん》というラジウム温泉に一泊ででかけました。ここは、国会議員だった田中美智子さんがよく利用していたことで知られています。

また、二〇二〇年一月には、山梨県北杜市増富《ますとみ》ラジウム温泉に三泊四日で行きました。東京から中央線の列車やバスを乗り継ぎ、山あいのひなびた宿がたいへん気に入って、毎年来ようねと約束しましたが、残念ながらその計画ははたせませんでした。

・春から夏へ

二〇二〇年の春から夏にかけて、「歌う楽校」の再開、オンラインでのレッスンなど、少しずつ仕事を始めました。こうしたことについては、ブログで詳しく書いています。

そのころは、まだ自宅で料理もできる状態だったので、元気なうちに、私に、いろいろな料理の基本を教えておくと言って一週間の献立表をつくり、彼女の得意な「てんぷら」のあげ方などを教わりました。しかし、長く立っていることができずに、キッチンに椅子を持ち込んでの「料理教室」でした。いまでは、どこのスーパーでもさまざまなお惣菜を売っていますが、久美子は「カキフライは、揚げたてがいちばん」と言って、いつも自宅で料理していました。

二〇二〇年九月に入ると、息切れがひどくなり、だんだん外出もできなくなりました。階段の上り下りがやっとできるだけになり、散歩も中止せざるを得なくなりました。

・十月、コロナ禍のなかでの入院

二〇二〇年十月に入るころから、腹部の痛みがひどくなり、そのために睡眠がなかなかとれなくなり寝不足が続きました。それまで定期的にタクシーで往復通っていた歯医者にも、予約をキャンセルすることが多くなりました。そして十月十二日夜中に腹部の激痛が耐えられなくなり、立川共済病院に緊急入院し、退院した後の十一月上旬から、急速に病状が進行しました。

コロナ禍のなかでの入院は、想像以上に厳しい規制がありました。約二週間の入院中に私が久美子と会えたのは一日だけ、それも主治医の先生から治療説明があった一時間だけでした。退院後、久美子は、今後はどんなことになっても自宅で療養すると固く決めたのでした。私にとっても、まったく会えなくなる入院は、耐えられないことでした。

・**最後の二カ月**

十一月下旬に近くの立川相互病院谷保駅前診療所で訪問診療、訪問看護の手続きを行い、十二月に入ってからは、看護師さんが週二回、十二月下旬からは、ほぼ毎日訪問して丁寧に看護・介護をしてくれました。十二月初旬には介護保険の「要介護５」の認定が決まり、介護サービスも受けるようになりました。最後の二カ月は、私がベッドのそばに布団を敷いて、夜中の看護・介護にあたりました。埼玉在住の息子は、コロナ禍のなか車でかけつけてくれました。年末には、コロナ禍で厳しい出入国規制を潜り抜けて、ワシントン在住の娘一家四人が来日し、最後まで介護を助けてくれました。

こうして、家族が総力をあげ、また地域の訪問医療・訪問介護の手厚いサービスを受けて、久美子は、末期がんの苦痛に耐えながら全力でたたかいました。しかし、癌の病魔には打ち勝てずに、家族に見守られながら、二〇二一年一月十四日午後七時三十七分、眠るように静かに、その生涯を閉じました。七十六歳八カ月でした。

二、訃報のあと――「潮流」

久美子の訃報を一月十七日の各紙が報道しました。「朝日」「毎日」などの全国紙とともに、共同、時事などの通信社も配信したので、地方紙にも掲載されたようです。新聞を見て、すぐに全国のたくさんの方々からお悔やみの電話やメールをいただきました。
そして、翌日には、「しんぶん赤旗」紙の一面の「潮流」欄で、久美子を追悼する、心のこもったコラムが掲載されました。短い文章のなかに、久美子の歌の世界を、たいへん的確に表現していますので、その全文を引用させていただきます。

私は歌う。日々の暮らしから愛とロマンをみつめて。私は歌う。大地をゆるがし歴史をぬりかえた世界の叫びを。私は歌う。時代の風にむかい、風をおこした人たちの歌を―▼歌うことへの執念を命の根っことしてきた横井久美子さんが亡くなりました。どんな国の出来事でも、どんな人の人生でも、心に響いたものは何でも歌う。自身の歩みに時代や社会を重ねた曲目の多彩さは冒頭のうたい文句に集約されています▼「自転車にのって」「戦車は動けない」「私の愛した街」「飯場女のうた」「辺野古の海」。数々の歌が、どれだけの人たちを励まし、包み込んできたか。いつもそこには、たたかいの輪がひろがりました▼平和や人権を尊び、穏やかな日常をいとおしみ、まじめに働く者や女性には温かいエールを。不正義や不公正には悲しみと怒りの声を。人びとや社会と深くかかわって心をつむいできた歌には、人間への信頼と希望が込められています▼40代の後半に入ったころ、燃え尽き状態に陥った横井さんは自分探しの旅に出ます。苦悩の末につかんだ再生へのきっかけ。それは、あるがままの自分を取り戻すため、たくさんの人と出会い、社会とつながることでした(『ゆるゆるふっくり』)▼コロナ禍のいまこそ、勇気がわく彼女の歌が求められていたのに…。闘病生活のなかでつづったブログには、最後まで歌を通して人びとや社会とともにあろうとする姿が記されています。人は人によって生かされている、人間こそが歌なんだと。（1月18日付「潮流」）

三、行動の歌手――「横井久美子 ハノイにうたう」

久美子は、誰かに与えられ、企画されたステージで歌うだけではなく、みずから歌を必要とする人々のところへ積極的に出かけていく行動の歌手でした。歌手としての活動は、北は北海道の網走から、南は沖縄の辺野古まで、日本全国津々浦々にわたっていました。その行動範囲は、日本全国、アジア、ヨーロッパ、アメリカ、南アフリカ、南米など、文字通り世界を駆け巡っています。

こうした世界を舞台とする活動については、本書の第1章で、本人自身の綴ったエッセイに詳しく紹介されています。ここでは、久美子の最初の海外での公演、一九七三年十一月から十二月にかけて、ベトナム戦争中のハノイを訪問したさいに、同行した詩人の滝いく子さんが描写した久美子の活動を紹介しておきましょう（彼女の最初のLPレコード『横井久美子 ハノイにうたう』のジャケットに掲載されている文章です）。

1973年11月28日の朝、ハノイ、ザラム空港に着いた。私たち、歌手の横井久美子さん、日本舞踏家の松山梨絵さんと私は、北ベトナム文化省と対外連絡委員会の招待でたった3人で日本からやってきた女性文化代表団である。滞在する3週間のあいだに、それぞれの専門を通じてベトナムの文化人と親しく交流し、復興に励む人びとの生活の現場にふれてベトナムの人民と文化をより深く理解し、両国の連帯の強い絆となる、というのが私たちの目的であった。（中略）………私達は日本の文化の状況を話し、その実際を紹介する公演を数回もった。松山さんは優雅さと愛らしさをいっぱいにたたえて日本の舞を華やかに披露し、私は自作詩を朗読した。

ギターを弾き乍らうたう横井さんのうたは、どこへ行っても大変な人気であった。ベトナムのうたの多くは民謡であり、新しい歌はオペラのようなヨーロッパのクラシック唱法でうたわれており、ベトナムの専門の歌手たちは、すばらしい声と歌唱力をもっていた。しかし、彼女のようなうたは聞くことができなかった。民謡とクラシックの谷間を狙ったような彼女の歌の形、歌い方は、きっと大変めずらしい刺激になったに違いない。

ベトナムでは、クラシックはともかくとして、文工隊活動があれほど盛んに行われているにもかかわらず、大衆が和して歌うという情景には殆どめぐり逢わなかった。ひとりひとりは歌好きでようたっているようだが、聴衆となったときは、どんなにすてきな歌でも歌手のうたをきくだけであった。ところが彼女はギターをもって大衆の中に入り込み、彼らの口を喜びの歌声で開かせたのである。観衆の喜びようといったらなかった。彼らは嬉しげに笑いさざめき、もとおらない口もとで日本語を真似し、遅れがちのテンポで一生懸命和してきた。「ハイ・ラム！（お上手）」と彼女が愛嬌たっぷりに声をかけると、彼らは自ら手をうって、大喜びに沸きたつのである。

ハノイ市民劇場での私達の最後の公演は、ベトナムの政府や労働党の指導者たち多数と共に、専門の芸術家たちがびっしりと見守るなかで開かれた。そしてその一部始終が映画に収められた。公演が終ると、私達を送り出してくれた日本のすばらしい人民たちへの感謝の拍手がいつまでも会場をゆるがしていた。英語の話せる工作員が「サクセスフル！」を連発し、顔を真っ赤にしながら「グ

レートヴィクトリィ!!」と叫んでいた。苦労して私たちの活動を助けつづけてくれた工作員たちに、私たちは何度も、かたく感謝の握手を贈った。

このベトナムでの公演の帰国後にリリースしたレコードのジャケットを飾っている一枚のライブ写真――ハノイの高射砲部隊の若い兵士たちと『戦車は動けない』を唱和する貴重なスナップ写真（上）。この奇跡的に生まれた一瞬の音楽空間こそ、「横井久美子の歌の世界」の原点を象徴的に示しています。マイクも舞台もない異国の戦場で、たくさんの兵士たちに囲まれて歌う笑顔のなんと輝いていることでしょう。このとき久美子は二十九歳、二年前に長男を出産して、すでに一児の母親になっていました。

ちなみに、このレコードのジャケットには、同じ時期にベトナムを訪れていた作家の松本清張さんが、次のような推薦の言葉を寄せています。

「私が、横井さんとはじめてあったのは、昨73年11月、私が、古代文化使節団の団長として、ベトナムを訪問し、ファン・バン・ドン首相と会見した時だった。戦争の傷跡も生々しいベトナムで最悪の衛生状態、道路事情の中、歌を通じての交流・連帯に打ちこむ姿が、印象的だった。彼女が日本の中で、人々の生活を歌い続け、今度、ベトナムへいってきたことを機会に、レコードを出版することをきき、たくさんの人々に支持されることを期待します」（松本清張）

四、読書好き・新聞好き・エッセイスト

久美子は、文筆を生業とする私からみても、まれにみる読書家であり、本を読むのが大好きな人でもありました。枕元には、いつも文庫本などを置いて、寝る前に読んでいました。たとえば宮城谷昌光の古代中国の歴史小説などは、いろいろと集めて読んでいた時期もあります。私が「若い時に彼の『三国志』を読もうとしたことがあるが、どうも難しくて、なじめなかったので途中でやめてしまった」と言うと、「こんなに面白いのに」と言って、意見があいませんでした。自然科学や社会科学の本は敬遠して、もっぱら歴史の本がお気に入りでした。韓国や中国のＴＶドラマの歴史ものなど、欠かさず録画して観ていました。読書の趣味は、私とはかなり違っていたのです。

また、彼女は毎日の新聞を読むのが大好きで、毎朝、食事をしながら、いろいろな新聞を読んでいました。私が「しんぶん赤旗」の編集委員をしていた時には、仕事柄、全国紙をすべてとっていましたが、私よりも熱心に目を通しているようでした。私が、興味深い記事を見つけて、「こういうのが載っていたよ」と教えると、「ああ、さっき読んだわ」ということがよくありました。私より先に読んでいたのです。久美子は、歌手としての感性を磨き、行動するだけではなく、知性を高めるためにも努力をしていました。

久美子は、読むだけではなく、書くことも好きだったようです。本書に収められているエッセイからもわかるように、新聞や雑誌から執筆を請われると、忙しい合間を縫って、エッセイや旅行記などをせっせと書いていました。ほとんどの場合、私が原稿の「第一読者」になったのですが、「なかなか

面白い」と感想を述べると、とても嬉しそうでした。エッセイストとしての文才もあったようです。一九九九年四月から二〇〇二年三月まで三年間にわたって「東京新聞」に掲載したエッセイ「本音のコラム」は、新日本出版社からエッセイ集『ゆるゆるふっくり』として出版されました。

五、師と仰いだ櫛田ふきさん――「百合子とふきさん」

読書好きという点にかかわって、久美子が、新日本出版社の『宮本百合子全集』第6巻の月報（二〇〇一年十二月）に寄稿した「百合子とふきさん」という文章があります。「宮本百合子という、私にとって大きくて遠い存在の作家を、身近に感じられるようにしてくれたのは、故櫛田ふきさんだった」という書き出しで始まる二千字足らずの短いものですが、彼女の後半生の立脚点がわかる、たいへん味わい深いエッセイです（本書58ページ参照）。

久美子は、櫛田ふきさんのことをたいへん尊敬していました。久美子は、一九九五年から「ふきとくみこのトークライブ」を毎年おこない、それはふきさんが亡くなるまで七年間続きました。

久美子は、「櫛田さんは、自分が主役の集会でも、いつも参加した人たちみんなが主役なのだという気持ちでいる人だ」とよく言っていました。舞台ではソロの歌手としていつも主人公であった彼女にとって、それはそのまま自戒の言葉でもあったのでしょう。そのころを境に、それまではみんなにパワーを与える歌手だったのが、みんなからパワーをもらい、そのパワーをみんなと分かち合う歌手へと大きく成長したのだと思います。

先に紹介したエッセイ集の表題『ゆるゆるふっくり』は、百合子がふきさんに与えた言葉にちなんだものです。

六、拍手で送ろう――『風の中のレクイエム』

久美子が、どなたかの告別式に呼ばれたときに必ず歌う彼女の創作曲に『風の中のレクイエム』という秀作があります。彼女の五十周年記念コンサート（二〇一九年七月二十一日）でも、こう話してから歌いました。

「人が何か死ぬ時、悲しくて涙を流しますよね。昔、『旅芸人の記録』という映画を見た時に、小さな旅まわりの少人数の劇団ですので、黒い棺を埋める時にまわりに数人バラバラいた。こういう黒いヴエールをかぶった人たちが棺が埋められる時に拍手をしたんですね。で、それを見て、『そうか、生きて、十分生きて死ぬということは、拍手でもって送られることだ』と思ってつくった歌です。私が死んだら拍手してください」

〽 涙はやめて拍手をおくろう／昔映画でみたあの場面／名もない役者の野辺おくり
ギリシャの白い空の下　埋められる柩／悲しみの黒い群れから　突然ひとつの拍手

〽そうさ　人生はまるで舞台のようなもの／誰だって命がけさ　幕がおりるまで
だから涙はやめて拍手をおくろう／風のように生きたあの人に／涙の別れは似あわない
（中略）
〽風のように生きたあの人に／涙の別れは似あわない／涙はやめて拍手をおくろう
風のように生きたあの人に／拍手をおくろう

いつでも会える──「久美子の部屋」

この歌をあらためて聞いていると、彼女が残した遺言のように思えてきます。

久美子と私の二人の子どもたちが巣立った後、私と久美子が二人で暮らしていた国立市の小さな家の、そのまた小さな「久美子の部屋」に飾られた遺影は、ギターをかなでながら、にっこり微笑んで「涙はやめて、さあ拍手をしてください」と語りかけているようです。

「久美子の部屋」には、この遺影と

ともに、彼女の数多くの作品（レコード、CD、DVD、著書）、楽譜、愛用のギターやハープ、バウロン（アイルランドの楽器）、その時々の写真などを飾って、いつでも会えるようにしておこうと考えています。

七、私と久美子の出会い――五十二年前の「ちかいのことば」

訃報には、弔電を打つときの宛先が必要だから、必ず「喪主」の欄があり、有無を言わさず個人情報が暴露されます。久美子の訃報が公表されてから、たくさんの方々のお悔やみの言葉とともに、久美子の夫が私、友寄英隆であることを初めて知って驚いたという方もありました。久美子と私の結びつきに意外性があるからでしょう。

ある新聞社の担当者が確認の電話のさいに「本名は友寄久美子で間違いないですね」と念を押すので、私は「いや彼女の本名は生まれた時からずっと横井久美子です。戸籍上の名前を友寄久美子というだけで、それが本名ではありません」と答えると、記者さんは「わかりました」と言っていました。しかしやはり、各紙とも訃報では「本名・友寄久美子」となっていました。唯一、こうした書き方をしなかったのは、「しんぶん赤旗」だけでした。さすがです。

久美子が逝ってしまってから、古い写真の整理をしていたら、私と久美子が結婚した時の写真とともに、私たち二人が述べた「ちかいのことば」の原稿が見つかりました。半世紀以上も前のことなので、すっかり内容は忘れていたのですが、今読み返してみると、私と久美子の出会いと結びつきを理解するためにはわかりやすい文章なので、少し長くなりますが、そのさわりの部分を紹介しておきましょう。

ちかいのことば

私たちは、今日一九六八年七月二十日、めでたく結婚することができました。

私たちが、はじめて会ったのは、一九六五年九月十二日、やはり熱い夏の日の昼下がりのことでした。それ以来二年十カ月、いろいろな困難をのりこえ、のりこえ、今日の日をむかえることができました。（中略）

私たちは、皆さんがよくご存じのように、一見、たいへん異なった性格、趣味をもった人間のようです。たしかに彼は、絵や音楽や、その他の芸術については、まったくの素人です。私はまた、経済学とか、社会科学とかいうものとは、まったく縁遠い者のようにみえます。

しかし、私たちは、はじめて出会った時から、お互いに、相おぎない合うもの、お互いになくてはならないものであることを、直感しました。私たちは、お互いのさまざまな、相違点、多様性のなかに、人間として、最も重要な問題についての、完全な一致点、共通点があること、そして、その点で団結して、お互いがお互いの人生と、共通の目的のために前進し、努力することを誓いました。

私たちは、これまで生きてきた二十数年間の生活のなかで、これから共にすごす数十年間が（少なくともあと五十年は予定していますが）、いかにすばらしい時代であるかを知りました。（中略）

私たちは、このような時代に、ともに生活し、仕事をしていくことを、心から喜んでいます。私たちは、この美しく、厳しい時代を、力を合わせて生き抜き、民主的で、豊かで、文化的な新しい日本をつくるため頑張ります。

私たちは、単なる男と女としてではなく、また、単なる夫と妻としてではなく、ある時は、一人の先輩として、後輩として、仲の良い友人として、ある時は、一人の民衆音楽家として、一人の経済研究者として、お互いの仕事の援助者、批判者として、そして、もちろん、一人の男と女として、夫と妻として、子供が生まれたなら、一人の父親と母親として、最後に、全体としては、ともに、この時代の困難に立ち向かい、一歩一歩前進していく一組の同志として、私たちは、今日から、固く結びつきます。

私たちは、終生変わらない情熱と冷静な理性をつちかって、今日からの新しい前進を決意します。これをもって、結婚にあたっての感謝と、決意のちかいといたします。

五十二年前の「ちかいのことば」を読み直してみるとき、とくに印象的なのは、久美子の「一人の民衆音楽家として」という言葉です。やや古めかしい言い方のなかに、この時すでに人生の目標をしっかりと見据えていたことがわかります。

私たち二人の結びつきについて言えば、基本的には、この「ちかい」から大きく外れることはありませんでした。一時的に揺らいだこともなかったわけではないのですが（本書68ページ参照）、大筋では初心を貫いたと胸を張ってもよいでしょう。おそらく、一足先に逝った久美子も、同意してくれるだろうと思います。

八、最後に――四人の孫のこと

最後に。多くの私の友人の皆さんからは、妻・久美子の亡き後、七十八歳の私が気落ちして寝込まないように、というねぎらいと励ましの言葉をいただきました。たいへん、ありがとうございます。

久美子は、闘病生活のなかで、「思いがけず私が先に逝ってしまうことになりそうだけれど、あなたは私の分も長生きをして、もっともっと仕事をしてから来てね」と繰り返し言っていました。おそらく、私が先に逝く場合には、私も久美子に同じことを言っただろうと思います。

４人の孫――左から友寄眞白（16歳）、友寄なみ（米国名：Natalie、４歳）、友寄英大（米国名：Justin、７歳）、友寄美尋（13歳）

久美子は、私にかわいい四人の孫を残してくれました。まるで隔世遺伝でもあるかのようにピアノやフルートがとても上手な孫（長男の娘二人）が、家族葬のさいに、久美子の代表作の一つである『私の愛した街』をフルートで見事な二重奏をしてくれました。
この孫たちの行く末を見守るためにも、また激しく揺れ動く世界と日本の行方を見定めるためにも、私は、あと十年、いやあわよくばあと二十年は、そう簡単にくたばるわけにはいきません。これまで以上に、健康に気を付けて、久美子の分も長生きをして、力いっぱい仕事をしたいと考えています。

2021年4月30日

大切な仲間の星久さん（左）北村しんさんと（2016 年 5 月 1 日）

沖縄辺野古にて基地反対の歌声を（2016 年 4 月 18 日）

横井久美子演奏活動年譜
（１９６９～２０１９年）

名古屋市立菊里高校音楽課程を経て、国立音楽大学声楽科卒業。
コーラスグループ「ボーチェ・アンジェリカ」入団。

＊

１９６９年
3月　「函館労音」に招かれソロ活動を開始。
１９７３年
11月　ベトナム戦争末期のベトナムへ「女性文化代表団」の一員として訪問し、松本清張氏と共にファン・バン・ドン首相に会見。ホン・ハー劇場など11カ所で公演。
１９７５年
2月　東独ベルリンで行われた「第5回ポリティカルソングフェスティバル」（フリードリッヒシュタットパレス）に招待され演奏。『私の愛した街』を知る。チリの「インティ・イジマニ」など12カ国のグループと共にベルリン近郊で公演。
１９７６年
4月　「おいで一緒にinくにたち」を毎月1回開始。８年間１００回にて終了。
１９７８年
8月　スモン訴訟東京判決前夜祭で『ノーモア・スモンの歌』を歌う。
１９７９年
5月　「横井久美子10年をうたう」（東京有楽町よみうりホール／名古屋中小企業センター）
8月　サンフランシスコ「在米日本人協会」にてミニコンサート。ピート・シーガーと会見。
１９８０年
12月　「女をうたう・横井久美子リサイタル」（東京草月ホール）５日間開催。
１９８２年
2月　「My Song My Life 横井久美子リサイタル」（名古屋市市民会館／京都シルクホール／東京草月ホール３日間／千葉教育会館／川崎勤労会館）。
１９８３年
6月　「横井久美子リサイタル」（東京有楽町よみうりホール２日間／名古屋市市民会館）。
12月　「モンテカシノの紅い芥子～ポーランドの心をうたう」（東京日仏会館）。

１９８４年
10月「スリランカ世界平和音楽祭」(コロンボ野外劇場)。
１９８５年
4月「新宿夜塾」を新宿3丁目で開講し、ゲストに椎名誠さんなどを迎える。
7月 サンディニスタ革命6年後のニカラグアを12本のギターとともに訪問。マナグア病院他で演奏。
9月「ポコヨの鳴く国から〜ニカラグア帰国コンサート」(東京日仏会館)。
１９８６年
10月 フィリピン、タイ訪問。フィリピン大学などでコンサート。ネグロス島へも。
１９８７年
12月「私の愛した街1——横井久美子リサイタル」(国立市民芸術ホール)。
１９８８年
12月「私の愛した街2——横井久美子リサイタル」(国立市民芸術ホール)。
１９８９年
4月「横浜夜塾」(横浜博覧会会場)。期間中ゲストに俵万智さんなど迎えて6回開催。
10月「横井久美子20周年記念コンサート」(日本青年館)。指揮編曲・林光。演奏・新星日本交響楽団。

１９９０〜９１年
衛星チャンネルのビデオリポーターとして、ニューヨーク、カンボジア、フィリピンを取材。『ニューヨークに生きる日本人アーティストたち』『アマンドラ日本公演』など7本の番組を製作、放送。
１９９１年
8月 自転車でアイルランドを横断。その体験をもとに『ただの私に戻る旅』(旬報社)を出版。
１９９２年
4月 ミニライブ「春秋楽座」を開始。全国90カ所の「30人組」と350回の楽座を開催。
10月「筑豊じん肺1000人集会」(飯塚市コスモスコモン)で『夫へのバラード』を歌う。
11月「歌えば人生愛の歌 横井久美子リサイタル」(名古屋市創造センター)。
１９９３〜９４年
『ザ・ワイド』(日本テレビ)のコメンテーターを半年間つとめる。
１９９４年
8月「ベトナム公演」(ハノイ市オペラハウス/ホーチミン市市民ホール)[国際交流基金助成]。
１９９５年
10月「ふきとくみこのトークライブ」(東京こけし屋)

開催。櫛田ふきさんが2001年に亡くなるまで17回開催。17回目のゲストは、ベアテ・シロタ・ゴードンさん。

1996年

7月「まんだらライブ」(東京南青山MANDALA)。

9月「じん肺南アフリカ調査団」と共にマンデラ大統領誕生後の新生南アフリカへ。

1997年

4月「横井久美子リサイタル」(札幌サンプラザホール/和歌山県民文化会館)。

7月「まんだらライブ」(東京南青山MANDALA)。

1998年

9月 文化庁芸術家在外研修員として、アイルランドのリマリック大学アイリッシュ・ミュージック科に半年間留学。

1999年

4月「本音のコラム」東京新聞朝刊(中日新聞夕刊)、2002年3月まで毎週火曜日執筆。

7月「30周年記念コンサート〜アイルランドの風に吹かれて」(東京有楽町朝日ホール)。

8月「第1回アイルランドツアー&コンサート」(リマリック市聖メアリー大聖堂)サンドラ・ジョイスとジョイントコンサート。2019年で20回を迎える。

2000年

6月「国連特別総会女性2000年会議」(ニューヨーク)に参加。

8月「アイルランドツアー&コンサート」(リマリック市聖メアリー大聖堂)。

10月「2000年世界女性行進」(ワシントン、ニューヨーク)に参加。

11月「ベアテ・シロタ・ゴードンさんに会いませんか」(昭島市市民会館大ホール)。

2001年

8月 北アイルランドのデリー市で歌い、「アイリッシュタイムス」はじめ多くのメディアに登場。「アイルランドツアー&コンサート」(リマリック市聖メアリー大聖堂)。

10月「新宿女塾」を新宿のアイリッシュパブで開講。

12月「女性国際戦犯法廷ハーグ最終判決」(オランダ)に参加。

アフガン支援CD『おなじ空 おなじ子ども』を緊急発売し、「ペシャワール会」に売上を寄付。

2002年

7月「モンテカシノの紅い芥子ツアー&コンサート」(ワルシャワ・ジュストラ宮殿)アンナ・ボグザールさん(ピアニスト)と共演。

8月　「アイルランドツアー&コンサート」（リマリック市聖メアリー大聖堂）。

2003年

2月　ホーチミン市、退役軍人主催コンサート／ハノイ市、「平和村」枯葉剤被害児支援コンサート。
7月　「禁じられた歌ツアー&コンサート」（ポーランド／チェコ）歌手マルタ・クビショアさんと交流。
8月　「アイルランドツアー&コンサート」（リマリック市聖メアリー大聖堂）。

2004年

※「横井久美子35周年記念コンサート」全国ツアー。
1月18日　「100Songs 3Days Live」（東京R'sアートコート）。
3月26日　「枯葉剤被害児チャリティコンサート」（ハノイ子ども宮殿）ベトナム子ども基金主催。
4月18日　「100Songs 3Days Live」（東京R'sアートコート）。
5月8日　※岐阜市文化センター小ホール。
5月9日　※京都府民ホールアルティ。
6月12日　※松阪市コミュニティ文化センター。
6月23日　※福山市芸術文化ホール。
6月27日　※新潟りゅーとぴあ劇場。
7月18日　「100Songs 3Days Live」（東京R'sアートコート）。
7月30日　「枯葉剤被害児支援コンサート」（ハノイ子ども宮殿／ハノイ平和村）。
9月5日　※しずぎんホールユーフォニア。
9月11日　※ひたちなか市文化会館小ホール。
10月13日　※札幌教育文化会館小ホール。
10月23日　※唐津市文化体育館文化ホール。
10月24日　※福岡パピヨン24ガスホール。
11月13日　※愛知芸術文化センターコンサートホール　ゲスト　S・ジョイス&N・キーガン。
11月21日　※東京国際フォーラム（ホールC）ゲスト　S・ジョイス&N・キーガン。

2005年

3月　「声をあげよう女の会」を作家渡辺一枝さんと共に立ち上げ10回まで参加。
「枯葉剤被害者の会」（ハノイ）を訪問し支援金を届ける。
5月　ベトナム政府よりベトナム統一30周年式典に招待され、ベトナム戦争を勝利に導いた国際的友人として「国際平和友好勲章」を授与される。ベンチェ省障害児学校訪問コンサート／ホーチミン市競技場にて「枯葉剤被害児支援コンサート」。
6月　スイスの女性団体「ノーベル平和賞を草の根で活動する1000人の女性に贈る委員会」より推薦を

受け、「1000人」の一人にノミネートされる。
7月　原爆症認定集団訴訟支援CD『にんげんをかえせ』をリリースし、各紙で話題となる。
8月　「アイルランドツアー&コンサート」（リマリック市聖メアリー大聖堂）。
11月　「メッセージライブ～映像と証言と歌による集い①～今、ヒロシマ、ナガサキ、ベトナム」（東京有楽町よみうりホール）ゲスト／谷口稜輝、中村悟郎。

２００６年

5月　ハノイ「平和村」訪問交流コンサート。
8月　「アイルランドツアー&コンサート」（リマリック市聖メアリー大聖堂）。
11月　「メッセージライブ～映像と証言と歌による集い②～今、ヒロシマ、ナガサキ、ベトナム」（東京有楽町よみうりホール）ゲスト／亀井正樹、片山文枝。

２００７年

1月　チリ・ベネズエラ訪問交流コンサート。
5月　ハノイ「平和村」訪問交流コンサート。フエでリエンさんと34年ぶりに〝再会〟。
8月　ベトナムからリエンさんを招き「戦車闘争から35年コンサート」を相模原市で開催。
8月　「アイルランドツアー&コンサート」（リマリック市聖メアリー大聖堂）。
11月　「メッセージライブ～映像と証言と歌による集い③～今、ヒロシマ、ナガサキ、ベトナム」（東京有楽町よみうりホール）ゲスト／小西悟、アーサー・ビナード。

２００８年

1月　国際反核法律家協会主催「核廃絶と平和のための国際セミナー」（コスタリカ・サンホセ）で歌う。翌日、軍隊を放棄したホセ・フィゲーレス大統領カレン夫人の自宅に招かれ『にんげんをかえせ』を歌う。
3月　ハノイ「平和村」訪問交流コンサート／「ソンミ虐殺40周年記念追悼式典」（ソンミ村）で歌う。
5月　ベトナム・フエ「日越外交関係樹立35周年フェスティバル」。
8月　ニューヨーク「平和のつどい」仏教会主催。
9月　「もうひとつの9・11」（東京有楽町よみうりホール）。

２００９年

3月　ベトナム・ハノイ平和村訪問交流コンサート。
8月　南アフリカ・ケープタウンで歌う。
9月　「アイルランドツアー&コンサート」（リマリック市聖メアリー大聖堂）。
12月　ベトナム・フエ「リエン日本語教室」「フエ外国語大学」にて「童謡を歌って学ぶ日本の言葉と心」のパフォーマンス［国際交流基金助成］。

２０１０年
3月　「フエ解放35周年記念音楽会」（フエ・フンダオ劇場）招待演奏。
8月　「アイルランドツアー＆コンサート」（リマリック市聖メアリー大聖堂）。
10月　ベトナムの中高生のための日本語学習支援「スカラシップの会」設立。２０１６年まで毎年、伊勢市慶蔵院「てらこや塾」に中高生25名を招聘。
横井久美子コンサート「謳いつづけた女たち」（東京座・高円寺）。
２０１１年
3月　ハノイ「平和村」訪問交流コンサート。
7月　横井久美子コンサート「謳いつづけた女たちⅡ」（東京 座・高円寺）。
8月　「アイルランドツアー＆コンサート」（リマリック市聖メアリー大聖堂）。
12月　ネパール・サチコール村でコンサート。
２０１２年
3月　ハノイ「平和村」訪問交流コンサート。
4月～12月　「春秋楽座３００回記念全国ツアー」〈この年までで合わせて全国３５０カ所で開催〉。
8月　「アイルランドツアー＆コンサート」（リマリック市聖メアリー大聖堂）。
12月　ネパール・サチコール村の子どもたちにギターを教える音楽支援を始める。
２０１３年
2月　ハノイ「平和村」訪問交流コンサート。
8月　「アイルランドツアー＆コンサート」（リマリック市聖メアリー大聖堂）。
２０１４年
3月　ネパール・サチコール村に日本の支援によって「サンギート（音楽）ホール」完成。
「ＯＫバジネパール支援20周年記念集会」にマガール子バンドと共に出演。
7月　「横井久美子×笠木透コンサート」（国分寺市立いずみホール）。
8月　デリー市（北アイルランド）から長年の文化交流に対し「国際友好市民賞」を贈られる。
「アイルランドツアー＆コンサート」（リマリック市聖メアリー大聖堂）。
２０１５年
3月　「ベトナムツアー＆コンサート」。
5月　「おいで一緒にinくにたち」を復活。２０１９年5月まで25回開催。
２０１６年
3月　『村人総出でつくった音楽ホール』（本の泉社）

出版。

8月　「アイルランドツアー&コンサート」（リマリック市聖メアリー大聖堂）。

２０１７年

2月　「沖縄ゆいまーる（連帯）ツアー」（辺野古・高江・伊江島）／「平和コンサート」（沖縄大学）。

3月　「ベトナムツアー&コンサート」。

8月　「アイルランドツアー&コンサート」（リマリック市聖メアリー大聖堂）。

12月　ドキュメンタリー『いのち燦《きら》めく村』制作。

２０１８年

1月　ネパール・ポカラ「上映会&コンサート」(ATITHI RESORT & SPA)／サチコール村ツアー。

3月　「ベトナムツアー&コンサート」。

8月　「アイルランドツアー&コンサート」（リマリック市聖メアリー大聖堂）。

12月　「いわき市民訴訟原告団総会」で『哀しみの地よ』を歌う。

２０１９年

1月　「70周年記念日本のうたごえ祭典」（川崎とどろきアリーナ）出演。

「ベトナムツアー&コンサート」。

3月　「ネパール・サチコール村ツアー&コンサート」。

6月　ＣＤ『阿武隈高地 哀しみの地よ』を制作。

7月　「横井久美子50周年記念コンサート」（東京中野ZERO大ホール）。

＊

２０２１年　1月14日　死去。

本書の書名について

横井久美子さんは、今年（二〇二一年）一月十四日に亡くなった。この本は、残念ながら遺著になってしまった。

本書の書名は、横井さんが遺したものである（提案時は『横井久美子 グランドフィナーレ』）。昨年秋に、この書名を思いついたとの電話をいただいたとき、最初は同意できなかった。横井さんは、あくまでも歌手なのだから、「グランドフィナーレ」はステージ上で使うべきではないかと。「うーん、そうね。もう少し考えてみるわ」と言って、その電話は切れた。

しかし、そのときすでに横井さんは覚悟していたのだ。覚悟していて、そのうえでの〝投瓶通信〟だったのだと、亡くなってから気づいた。だからこそ、後に続くわたしたちに、自身の「グランドフィナーレ」をこの本で最期に示したかったのではないか。この社会の誰もが、この世界に暮らすすべての人びとが、それぞれのグランドフィナーレ、大団円で幕を降ろすことを願いながら。

そのことを連想させる横井さんの印象的な文章が本書にある。

どんなに大金持ちでも超有名人でも、また、貧しくても無名でも、人の幸せは、その人らしい「仕事」をしながら生きていくことだ。私は歌うことにしがみついていこう。

そう思った時、私の四十年余りの歌手生活を振りかえると、私を励ましてくれたのは、世の不正義に対し勇気を持って声をあげ、過酷な運命にもかかわらず自ら歴史を切り開いてきた女性たちだったことを改めて思いだしました。

これまで私は、「薬害スモン訴訟」「じん肺訴訟」「原爆症認定訴訟」に、それぞれ十年単位でかかわり、その中でたたかう女性たちの姿に感動し、歌をつくって支援してきました。そんな日本の女性たちも……時代に挑戦して声をあげてきた点では同じではないのか、そんな彼女たちを「謳いつづけた女たち」として、歌物語風に表現してみようと思ったのです。

（第1章「ゆるゆるふっくり 暮らしを謳う」より）

横井さんは、これまでの歌手生活、歌手としてのたたかいを通して、間違いなく「グランドフィナーレ」を迎えた。この本の全ページに、そこに至るエキス、粒子が満ちている。書名は、やはり「グランドフィナーレ」以外にはない。しかも、横井さんはコマーシャリズムに乗ったいわゆる「歌手 横井久美子」ではなく、あのベトナム戦争時の少女にまで生きる勇気を与えた「横井久美子歌手」なのだ。横井さんにとって「歌手」とは、単なる肩書きを超えて名前と一体化した、運動体としてのレゾン・デートル（存在証明）でもある。

だから、「歌にありがとう」は、横井さんからの言葉でもありながら、わたしたちから横井さんに伝える言葉でもある。「横井さんの歌にありがとう」「常にいのちへの念《おも》いを届けてくれた横井さんの歌にこそありがとう」と。

最後に、友寄さんの「あとがきに代えて」でも紹介されているが、横井さんが「50周年記念コンサート」で『風の中のレクイエム』を歌う前に語った言葉を再度――

人が何か死ぬ時、悲しくて涙を流しますよね。昔、『旅芸人の記録』という映画を見た時に、……黒いヴェールをかぶった人たちが、棺が埋められる時に拍手をしたんですね。で、それを見て、「そうか、生きて、十分生きて死ぬということは、拍手でもって送られることだ」と思ってつくった歌です。私が死んだら拍手してください。

（2021年4月28日／一葉社 和田悌二）

横井 久美子（よこい・くみこ）
歌手（シンガーソングライター）
1944年、名古屋市生まれ。国立音楽大学声楽科卒。国内はもとより、アイルランド、ベトナム、ネパール、南アフリカ等世界各地で歌い続け、その土地の歌を日本に紹介。また、薬害、公害、差別などの現場に出かけ、「歌を必要とする人のもとに歌を届ける活動」を展開。2005年ベトナム政府より平和への貢献で「国際平和友好勲章」、2014年デリー市（北アイルランド）から長年の文化交流に対して「国際市民友好賞」を授与される。2021年1月14日死去。
著書に、『ネパール 村人総出でつくった音楽ホール』（本の泉社）、『横井久美子ソング＆エッセイ 歌って愛して』（音楽センター）、『ゆるゆる ふっくり』（新日本出版社）、『ただの私に戻る旅』（旬報社）、『雑踏 歌 そしてわたし』（草土文化）。CDは、『VIVA KUMIKO』『アイルランドの風に吹かれて』『私の愛した街・私の愛した人』（音楽センター）など多数。DVDに、『いのち燦めく村』『歌にありがとう』（横井久美子事務所）などがある。

横井久美子歌手 グランドフィナーレ
―― 歌にありがとう

2021年6月22日 初版第1刷発行
定価　2200円＋税

著　　者　横井久美子

発 行 者　和田悌二
発 行 所　株式会社 一葉社
〒114-0024 東京都北区西ケ原1-46-19-101
電話 03-3949-3492／FAX 03-3949-3497
E-mail : ichiyosha@ybb.ne.jp
URL : https://ichiyosha.jimdo.com
振替 00140-4-81176
装 丁 者　松谷 剛
印刷・製本所　モリモト印刷株式会社

ISBN978-4-87196-081-6